반드시 **이익**을 내는
사장의 현금 관리법

작은 회사 사장을 위한 세무사의 경리 실무 컨설팅

반드시 **이익**을 내는

사장의
현금
관리법

안도 히로시 지음 | **김정환** 옮김 | **임순완·김미라** 세무사 감수

끌리는책

반드시 이익을 내는
사장의 현금 관리법

초판 1쇄 인쇄 2013년 1월 2일
초판 1쇄 발행 2013년 1월 10일

지은이 안도 히로시
옮긴이 김정환
감수 임순완·김미라 세무사

펴낸이 김찬희
펴낸곳 끌리는책

출판등록 신고번호 제25100-2011-000073호
주소 서울시 구로구 오류동 109-1 재도빌딩 206호
전화 영업부 (02)335-6936 편집부 (02)2060-5821
팩스 (02)335-0550
이메일 happybookpub@gmail.com

ISBN 978-89-90856-47-0 13320
값 13,000원

작은 회사 사장이
알아야 할
경리지식은 따로 있다

세상에는 경리에 대해 잘 모르는 사장이 생각보다 많다.

그런데 한 번 생각해보자.

대체로 중소기업에서는 사장이 자신의 돈을 운용해 사업을 한다. 회사 자금을 은행에서 대출 받을 때 개인 보증을 서며, 회사에 돈이 부족해지면 자신의 재산을 운전 자금으로 사용한다. 경리 업무는 그런 돈의 흐름을 이해하는 일이다. 사장은 돈이 어떤 흐름으로 움직이고 있는가? 그 흐름은 원활한가? 어딘가에서 정체되고 있지는 않은가? 이런 점들을 알고 있지 않으면 큰일이 날 수도 있다.

이를 위해 고안된 것이 '경리'인데, 많은 사람들이 경리를 어렵게 생각한다. 그 이유는 무엇일까? 내 생각에 그 이유는 '시중에 나와 있는 경리 서적에 문제가 있기 때문'이다. 시중에 나와 있는 경리 서적은 대체로 매우 꼼꼼하며 자세하다. 그 책을 읽으면 대기업의 경리 내용도 이해할 수 있도록 최신 경리 업무에 대해서도 친절하게 설명되어 있다. 경리에 대해 하나부터 열까지 전부 알아야 하는 사람이라면 이런 서적이 큰 도움이 된다. 하지만 중소기업은 대기업과는 다르다. 이렇게 자세하게 적혀 있는 경리 서적은 마치 과거의 휴대전화 사용 설명서와 같다. 휴대전화를 샀을 때 먼저 설명서를 전부 읽어 본 다음 휴대전화를 사용하는 사람이 과연 얼마나 될까? 아마 거의 없을 것이다.

'기능이 자세히 적혀 있으니까 읽어 보면 휴대전화에 있는 기능을 전부 사용할 수 있기야 하겠지. 하지만 이렇게 두꺼운 설명서를 귀찮

게 언제 다 읽어?'

　이렇게 생각하는 사람이 대다수다. 또는 "문자 메시지와 전화만 쓰니까 그 사용법만 알면 충분해"라는 사람도 많지 않을까. 그런 사람에게 쓸데없이 소상하게 기능을 설명하는 것은 시간 낭비가 된다. 애초에 들을 마음이 없기 때문이다.

　중소기업의 경리 업무는 예를 들면 문자 메시지와 전화 기능만 있는 수준의 휴대전화일 수 있다. 중소기업의 사장은 경리에 대해 이 정도만 알고 있으면 된다. 그 이상의 내용을 모른다고 어려움을 겪지는 않는다. 대기업이라면 세세한 기능까지 자유자재로 구사할 수 있는 전문 지식이 필요하지만 중소기업의 경우 그렇게까지 할 필요는 없다. 이 책은 '문자 메시지와 전화만 사용할 줄 알면 충분하다'는 관점에서 쓴 것이다.

　다만 이렇게 말해도 아직 반신반의하는 사람이 있을 수 있으니 실제 사례를 하나 소개하겠다. 어떤 회사에서 경리 담당자가 회사를 그만두자 사장은 회계 관련 자격증이 있는 경리 담당자를 서둘러 채용하려 했다. 그때 나는 사장에게 이렇게 말했다. "굳이 사람을 새로 고용할 필요는 없습니다. 총무부에 있는 직원 중 한 명에게 경리 업무를 시키십시오. 그러면 이 회사의 경리 정도는 충분히 처리할 수 있을 겁니다." 그러자 사장은 "정말 그럴까요?"라고 반신반의하면서도 내 말대로 회계 관련 지식이 거의 없는 직원에게 경리 업무를 맡겼다. 그 사람은 현재 경리 업무를 완벽하게 처리하고 있다. 그것도 기존에 담당했던 업무를 겸임하면서 말이다. 이 사람이 특별히 능력이 뛰어나기 때문은 아니다. 세무사로서 오랫동안 경리에 대해 가르친 내가 자신 있게 말하건대, 중소기업의 경리에 자격이나 특수한 능력은 필요 없다.

사장들은 대체로 '경리는 중요하다'고 생각한다. 그러나 '경리는 아무리 공부를 해도 도저히 모르겠다'라고도 생각한다. 그런 사장들을 위해 이 책을 썼다. '정말 이렇게 해도 되는 건가?'라고 생각할지

반드시 이익을 내는 사장의 현금 관리법

도 모른다. 그러나 이 책에 적혀 있는 내용을 이해하고 실천하면 틀림없이 경리에 대해 눈을 뜨게 되고, 회사의 돈을 어떻게 관리해야 하는지 제대로 파악하게 될 것이다.

안도 히로시

회사 **경영**에 꼭 필요한
돈 관리를 알려주는 책

저자는 오랜 세무사 활동을 통해 중소기업의 사장이 알아야 할 회계 및 경리 업무를 이해하기 쉽도록 이 책 안에 풀어 놓았다.

현재 세무사로 활동하고 있는 나도 이 책을 감수하면서 많은 것을 배웠고, 내 고객들에게 회사 경영에서 중요한 돈 관리에 대해 보다 쉽게 설명할 수 있게 되었다.

돈 관리, 즉 회계나 경리라는 단어를 떠올리면 보통 사람들은 숫자를 보는 것만으로도 부담스러워하고 머리 아파하는 게 사실이다. 대

학에서 회계학을 전공하고 세무사로서 일을 하고 있는 나도 처음에는 수없이 많은 어려운 용어들에 질린 적이 많았다. 용어를 외우고 이해하는 일 자체가 힘들어 공부를 포기하고 싶은 적도 있었다. 지금 생각해보면 시중에 나와 있는 회계와 경리 관련 서적들이 너무 전문적인 지식을 바탕으로 쓰여 있어 일반인들에게 반드시 필요한 사항은 간과하고 있었던 것이 아닌가 하는 생각이 든다.

기업 경영에서 숫자만큼 중요한 것도 없다. 기업 경영에서의 숫자는 바로 돈 관리 그 자체이기 때문이다. 솔직히 직업으로 숫자를 다루는 사람이 아니라면 자신의 업무에서 반드시 알아야 할 사항만 확실하게 숙지하고 업무를 효율적으로 하면 된다.

대기업은 규모가 큰 만큼 전문적인 지식을 가진 사람이 경리 업무를 하기 때문에 사장이 직접 모든 돈의 흐름을 파악하기가 쉽지 않고 또 그럴 필요도 없다. 하지만 중소기업 사장은 자신의 자본으로 모든 것을 걸고 회사를 경영해나가는 사람이다. 회계나 경리에 관한 전문

감수의 글

지식까지 갖출 필요는 없다고 하더라도 회사를 경영하는 데, 그리고 유지하고 성장시키는 데 꼭 필요한 지식은 알고 있어야 한다.

이 책은 중소기업 사장이 어떤 마인드로 돈 관리를 해야 하는지를 강조하고 있는 책이라고 할 수 있다.

회사는 이익을 내기 위해 존재한다. 이익을 내지 않으면 회사는 존속할 수 없다. 자신의 모든 것을 걸고 사업을 시작한 중소기업 사장이야말로 이익을 내기 위해 철저히 고민해야 한다. 저자는 그런 고민을 1장에서 가장 먼저 언급하고 있다.

또한 중소기업에서는 현금을 얼마나 가지고 있느냐가 매우 중요하다. 사장이 현금의 흐름을 알아야 하고 현금 흐름을 잘 통제하기 위한 방법을 2장과 4장, 5장에서 알려주고 있다. 그리고 회사의 돈 관리를 한눈에 파악할 수 있는 재무상태표에 대해서는 3장에서 소개하고 있다.

사장은 또한 절세에 대해서도 관심을 기울여야 하는데, 이는 6장에서 소개하고 있다. 그리고 경리의 가장 핵심만을 모아 7장에서 실무 요령을 알려주고 있다.

사업을 시작하려는 사람, 중소기업을 경영하는 사장들이 읽으면 돈 관리에 확실한 마인드를 갖게 되는 계기가 될 것이다.

또한 대기업이든 중소기업이든 경리 담당자라면 사장이 원하는 경리 업무가 무엇인지를 파악할 수 있는 좋은 기회가 되리라고 생각한다.

진짜 전문가는 책을 읽는 사람들에게 정말 필요한 것이 무엇인지를 파악하고 독자의 눈높이에 맞춰 이해하기 쉽게 쓰기 위해 노력하는 것 같다. 같은 일을 하는 세무사로서 저자의 그 노력에 경의를 표한다.

회사의 회계와 경리는 회사를 성장시키고 발전시키기 위한 가장 기본적이면서도 매우 중요한 일이다.

기업의 생존 경쟁이 치열하고, 중소기업을 둘러싼 경영 환경은 한

감수의 글

층 더 어려움을 겪고 있다. 이럴 때일수록 돈 관리를 확실히 해서 더욱 탄탄하게 성장하는 중소기업들이 늘어나길 기대해본다.

임순완, 김미라

1장

작은 회사가
이익을 내는 방법은
따로 있다

이익을 내는 방정식을 만들어라

디플레이션의 시대라고 한다.

'좋은 물건을 최대한 싸게 판다'.

사람들은 이것이 장사의 비결인 것처럼 이야기하지만, 안타깝게도 이것은 거짓말이다. 소비자라면 분명 이런 캐치프레이즈가 마음에 들 것이다. 그러나 경영자는 '좋은 물건을 최대한 비싸게 팔려는 노력'을 해야 한다. 좋은 물건을 확실한 이익을 내며 팔고, 확실한 이익을 내서 세금을 내는 것, 이것이 경영자의 사명이다. 애초에 확실한

| 그림 1-1 |

가격을 최대한 높게 설정하고,
그래도 구입해주는 고정 고객을 확보한다

이익이 없으면 직원들의 생활도 지켜줄 수 없다. 자신의 생활도 안정되지 않는다. 고객에게 계속 상품을 제공할 수도 없다. 한계 수준까지 이익을 줄여서 자신과 직원들의 생활을 어렵게 만들며 장사를 계속한들 오래 가지 못한다.

또 중소기업은 대기업이나 체인점과 가격 경쟁을 해서는 안 된다. 대기업은 판매량이 다르기 때문에 낮은 단가로 물건을 팔아도 나름 이익을 올릴 수 있다. 음식점을 생각해보면 이해가 쉽다. 대기업은 하나의 점포에서 한 달에 100만 원밖에 이익을 올리지 못하더라도 점포의 수가 1,000개라면 이익은 10억 원이 된다. 한편 동네 음식점이 여기에 가격으로 대항해도 경영자의 손에 들어오는 이익이 한 달에 100만 원뿐이라면 금방 한계에 부딪친다. 중소기업은 가격 경쟁을 해서는 안 되는 것이다.

그렇다면 중소기업은 어떻게 해야 살아남을 수 있을까? 비싼 가격에 사주는 고객을 찾아내 '이 회사의 제품을 사고 싶다'고 생각하도록 노력하는 수밖에 없다. 생각해보자. 물건을 살 때 모든 것을 '가격이 싸고 좋은 제품이니까'라는 이유로 구입하는가? 오히려 '비싸지만 그래도 이걸 사고 싶어'라는 생각으로 사는 물건이 더 많지는 않은가? 요즘은 생활에 꼭 필요한 물건은 단가가 싸지고 생활에 필요가 없는, 즉 '있으면 좋고 없어도 그만인 물건'의 단가는 비싸지는 경향이 있다. 생활필수품은 '좋은 물건을 최대한 싸게'라는 판매자의 정신과 '생활에 꼭 필요하므로 되도록 지출을 억제하고 싶다'라는 소비자의 의식이 쉽게 일치하기 때문에 아무래도 가격이 저렴해진다.

작은 회사가 이익을 내는 방법은 따로 있다

그에 비해 '생활에 필요가 없는, 있으면 좋고 없어도 그만인 물건'은 '갖고 싶으면 사세요'라는 판매자의 자세와 '꼭 갖고 싶다'는 구매자의 의식이 일치하기 때문에 가격이 비싸게 설정되는 것이다.

이런 점을 생각하면 중소기업의 장사 비결은 '가격을 고객이 구입할 마음이 생기는 한도에서 최대한 높게 설정하고 그래도 구입해주는 고정 고객을 확보하는 것'이다. 물론 판매 수량을 무한히 늘릴 수 있는 장사라면 가격이 낮아도 괜찮지만, 인터넷 판매라도 하지 않는 이상 그런 장사는 거의 없다.

그렇다면 어떻게 해야 그런 장사가 가능할까?

check! | 고객이 구입할 마음이 생기는 한도에서 가격을 최대한 비싸게 설정하자.

회사의
팬을
만들어라

먼저 필요한 것은 '이 회사의 제품을 사고 싶다'는 고객을 최대한 늘리는 일이다.

당신 회사의 상품은 어떤 특징이 있는가?

그 특징을 제대로 설명하고 있는가?

특징을 만들려는 노력을 하는가?

이 점을 철저히 생각하기 바란다.

고객은 왜 당신 회사의 상품을 사주는 것일까?

당신의 회사에 가장 중요한 고객은 어떤 고객인가?

가장 중요한 고객은 당신의 회사에 가장 많이 돈을 내주는 고객이다. 그렇다면 그 고객은 왜 당신의 회사에 가장 많은 돈을 지출해주는 것일까?

그 이유를 생각해보자.

그리고 그런 고객을 늘리려면 어떻게 해야 할지 생각하자.

그런 고객이 어디에 있는가?

어떤 계기로 당신 회사의 고객이 되는가?

장사를 할 때 가장 중요한 일은 '좋은 상품을 만드는 것'이 아니다. '좋은 고객을 찾아내는 것'이다. 아무리 좋은 상품을 만들어도 고객이 없으면 장사를 할 수 없다. 극단적으로 말하면 고객을 발견한 다음 상품을 개발해도 된다. 그런데 이 순서를 착각하는 사람이 많다. '좋은 상품을 만들면 반드시 장사가 번성할 거야'라는 생각은 미신이다. 아무리 좋은 상품을 만들어도 그 상품을 팔고 있다는 사실을 모르면 아무도 사러 오지 않는다.

어떻게 해야 좋은 고객을 발견할 수 있을까?

그 점을 곰곰이 생각해보기 바란다.

---

check! | 장사를 할 때 가장 중요한 일은 좋은 고객을 찾아내는 것이다.

매출 총이익에
철저히
집중하라

매출 총이익이라는 말을 들어 본 적이 있을 것이다. 상품을 팔아서 얻는 이익이다. 간단히 말하면,

판매 가격 − 매입 가격(원가 혹은 변동비) = 매출 총이익

이다. 그리고,

작은 회사가 이익을 내는 방법은 따로 있다

$$판매 수량 \times 매출 총이익 - 고정비 = 이익$$

이 된다.

　여기에서 경리를 할 때 주의해야 할 점은 손익계산서의 과목을 고정비와 변동비로 확실히 나누는 것이다. 고정비는 매출이 있든 없든 반드시 들어가는 경비다. 예를 들면 임차료나 직원의 인건비, 리스비, 고정 자산의 감가상각비 등이 고정비다. 한편 변동비는 매출이 없으면 지출되지 않으며 매출이 늘어나면 그에 따라 증가하는 경비다. 예를 들면 매입비나 외주비, 배송비 등이 변동비다. 이것을

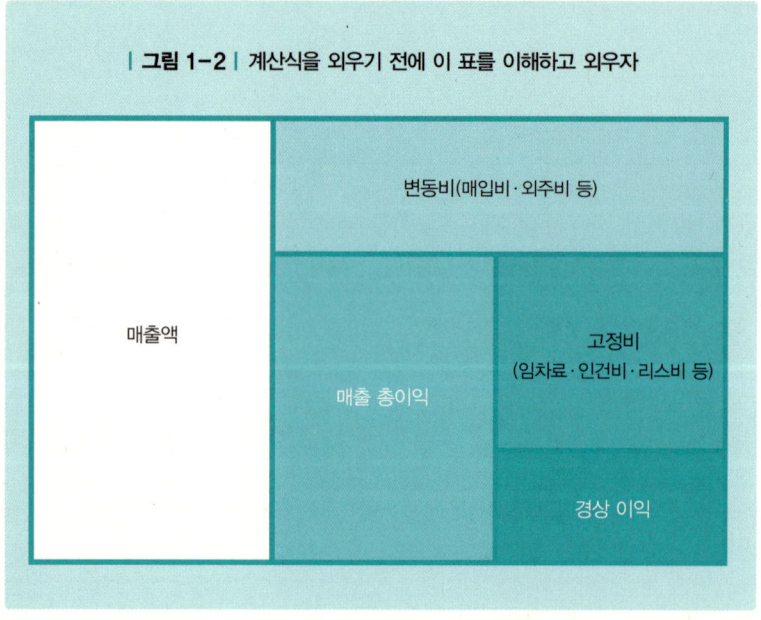

| 그림 1-2 | 계산식을 외우기 전에 이 표를 이해하고 외우자

변동비(매입비·외주비 등)

매출액

매출 총이익

고정비
(임차료·인건비·리스비 등)

경상 이익

명확하게 나누지 않으면 상품의 매출 총이익을 정확히 계산할 수 없다.

다시 한 번 말하지만, 매출 총이익은 하나의 상품을 팔아서 얻는 이익이다. 이 매출 총이익이 얼마인지 정확히 파악하지 않고서는 판매 목표도 세울 수 없어 어림짐작으로 경영을 하게 된다. 경우에 따라서는 팔면 팔수록 적자가 불어나는 일도 있을 수 있다. 판매 가격보다 원가가 높으면 이익은 마이너스가 되기 때문이다. 그런데 그런 사실을 깨닫지 못하고 장사를 하는 경우도 많다.

그리고 경리를 열심히 공부한 사람은 이때 그 경리지식이 오히려 방해물이 된다. 경리의 세계에서는 고정비와 변동비로 구분하지 않고 상품의 제작에 들어간 모든 경비를 원가로, 판매와 관리에 들어가는 비용을 일반 관리비로 구분한다. 이 구분법에 따라 경리 처리를 하면 매출 총이익이 일부 고정비도 함께 차감된 상태로 계산되기 때문에 매출 총이익의 금액이나 매출 총이익률의 계산이 매우 복잡해진다.

중소기업의 경영자에게 필요한 정보는,

판매 가격 - 변동비 = 매출 총이익

이라는 계산식으로 구해지며,

작은 회사가 이익을 내는 방법은 따로 있다

판매 가격－변동비＝매출 총이익

매출 총이익×판매 수량＝경상 이익

중소기업의 계산은 이것으로 충분!
경리를 열심히 공부한 사람의 "이 원가 계산 방식은 틀렸어"라는 말에 굴하지 말자!

매출 총이익×판매 수량－고정비＝이익

이라는 간단한 식을 적용할 수 있는 '매출 총이익'이어야 한다. 이를 위해서는 변동비와 고정비를 확실히 나누고 이 단순한 식에 대입할 수 있도록 경리 처리도 맞춰 놓을 필요가 있다.

그런데 이 방법을 쓰려고 하면 회계 사무소나 세무서가 문제 제기를 할 수도 있다. 경리 공부를 한 사람이라면 "이 원가 계산 방식은 틀렸어"라고 말할지도 모른다.

하지만 이 방법으로 밀어붙이기 바란다.

세무서가 문제를 제기하면 어떻게 해야 할까? 이 때문에 세금을 추징당해서는 안 되므로 세금 계산을 위한 목적으로만 회계 사무소에 원가 계산을 다시 요청하는 게 좋다. 세무서용으로 원가 계산을 다시 하는 것은 전혀 문제가 되지 않는다.

　상장기업 등이라면 여러 가지 문제가 발생하지만, 중소기업의 경우 손익계산서는 주주인 사장을 위해 만드는 것이다. 사장에게 가장 유익한 정보를 제공하는 것이 경리의 본래 역할이다.

check!　단순한 식으로 매출 총이익을 구할 수 있도록 경리 처리도 맞춰 놓는다.

작은 회사가 이익을 내는 방법은 따로 있다

업계의 상식이나 평균치에 연연하지 마라

업계의 상식이나 평균이라는 것이 공표되어 있을 때가 있다. 그러나 나는 이런 것을 거의 보지 않아도 된다고 생각한다.

경리는 재무상태표(대차 대조표)를 정확하게 만듦으로써 올바른 숫자를 나타낼 수 있다. 그러나 이 본질을 이해하지 못하는 회사도 많으며, 그런 회사의 결산서는 믿을 만한 것이 못 된다. 또 재고나 감가상각 등은 합법적인 방법이 몇 가지 있기 때문에 어떤 방법을 채용하느냐에 따라서도 수지의 숫자가 달라진다. 게다가 회사의 경영상의 사정에 따라 분식 결산을 할 수밖에 없는 회사도 있다.

애초에 숫자는 만들어지는 것이다. 다른 회사의 숫자는 거의 신뢰할 수 없다고 생각하는 편이 좋다. 그 숫자를 바탕으로 만들어진 자료는 전혀 도움이 되지 않는다고 생각해도 무방하다.

또한 업계 평균 등은 신경 쓸 필요가 없다. 그저 업계 1위의 기업이 되려면 어떻게 해야 하는지 참고하는 정도로 충분하다.

check! ┊ 타사의 숫자는 거의 도움이 되지 않는다고 생각하자.

작은 회사가 이익을 내는 방법은 따로 있다

매출을 늘리는
방법은
세 가지밖에 없다

종종 나오는 이야기인데, 매출을 늘리는 방법은 딱 세 가지밖에 없다.

① 신규 고객의 수를 늘린다
② 고객의 구매 단가를 높인다
③ 고객의 구매 횟수를 늘린다

이 세 가지다.

매출은,

$$단가 \times 판매\ 수량 = 매출$$

이라는 계산식으로 나타낼 수 있다. 다른 계산식으로는 표현할 수 없다.

또 이익에 주목해보면,

$$한\ 개당\ 매출\ 총이익 \times 판매\ 수량 = 매출\ 총이익$$

이 된다.

　신규 고객의 수를 늘리는 것은 굳이 설명할 필요도 없는 당연한 방법이다. 새로운 고객이 늘어나면 당연히 매출도 증가한다.
　그렇다면 구매 단가를 높인다는 것은 무엇일까? 여기에는 여러 가지 방법이 있다. 먼저 이익에 주목하면 원가를 억제해 이익률을 개선하는 것도 하나의 방법이다(이익률을 높이는 것은 단가를 높이는 것과 같은 의미가 있다). 반대로 단순히 가격을 올리는 방법도 있다. 그리고 지금까지 한 가지 상품만 구매하던 고객에게 또 다른 상품

작은 회사가 이익을 내는 방법은 따로 있다

을 함께 구입하도록 유도하는 방법도 있다. 음식점이라면 주문을 받은 다음에 "음료수는 괜찮으신가요?"라든가 "식후 디저트는 어떠신가요?"라고 말을 걸기만 해도 고객의 구매 단가가 올라가는 일이 종종 있다. 패밀리 레스토랑에서 계산대에 아이의 눈높이에 맞춰 장난감을 진열해놓는 것도 돌아갈 때 장난감을 사도록 유도하기 위함이다. 양복점에서도 드레스셔츠를 사러 온 고객에게 "이 드레스셔츠에는 이 넥타이가 잘 어울린답니다. 함께 구입하시면 이러이러한 서비스를 해드리지요. 어떠신가요?"라고 말을 걸면 구매 단가가 오를 것이다.

세 번째인 구매 횟수를 늘리는 방법으로는 내점 횟수를 늘리거나 통신 판매를 도입하는 방안을 생각할 수 있다. 내점 횟수를 늘리기 위한 방법으로는 포인트 카드나 할인 쿠폰 배포 등 여러 가지가 있다. 그중에서 일반적인 회사들이 별로 시도하지 않는 통신 판매 방식을 도입하는 방법도 있다. 업종에 따라서는 도입이 어려울 수도 있지만 꼭 검토해볼 만한 가치가 있다. 음식점에서도 소스나 레시피, 재료의 판매 등 지금까지 판매하지 않았던 것을 팔 수 있을지 모른다.

통신 판매가 가능해지면 판로를 전국으로 확대할 수 있다. 인근의 고객뿐만 아니라 전국의 고객을 상대로 장사를 할 수 있게 되면 단숨에 이익을 증가시킬 수도 있으며, 고객이 와주기를 기다리는 '기다림의 영업'에서 적극적으로 고객에게 상품을 판매하는 '공격적인 영업'으로 전환할 수도 있다. 가능성을 가지고 방법을 모색해보자.

어쨌든, 매출을 늘리는 방법은 이 세 가지뿐이다. 이 중 어떤 방법을 선택해 매출을 높일지 생각해보자.

check!   매출을 늘리는 세 가지 방법을 시도해본다.

작은 회사가 이익을 내는 방법은 따로 있다

광고비를
줄이지
마라

흔히 경기가 악화되면 사장들이 가장 먼저 줄이는 비용이 광고비라고 한다. 그러나 광고를 하지 않으면 회사가 존재하는지 고객에게 알릴 수가 없다. 그러므로 광고는 꼭 해야 한다. 문제는 효과가 있는 광고를 하기가 좀처럼 쉽지 않다는 점이다.

효과가 있는 광고를 고려할 때 '이 방면의 전문가인 광고 대행사에 의뢰하면 알아서 해주겠지'라는 안이한 생각으로 광고 대행사에 맡겨 버리는 일이 종종 있다. 그러나 광고 대행사에 광고를 맡겨서는 안 된다.

왜 그럴까?

광고 대행사에서 하는 일은 '효과적인 광고로 광고주의 고객을 늘리는 것'이 아니라 '광고 대행사가 가지고 있는 광고 공간을 최대한 비싼 가격에 채우는 것'이기 때문이다. 광고 공간을 채우는 것이 그들의 최대 목적이며, 그 광고의 효과가 있느냐 없느냐는 상관이 없다. 이 점을 명심하고 광고 대행사를 이용해야 한다.

따라서 사장이 직접 광고 방법을 생각하고 시행착오를 거쳐야 한다. 광고라는 것은 매우 어려워서, 한 번 성공했다고 다음에도 또 성공한다는 보장이 없다. 그러나 '우리 가게는 왜 좋은 가게인가?', '왜 우리 가게에 와서 물건을 사야 하는가?'를 지속적으로 확실하게 말해야 한다. 안 그러면 고객은 당신의 가게를 금방 잊어버린다.

여기에서 중요한 점은 당신 회사의 특징을 정확히 설명할 수 있어야 한다는 점이다. 즉, 당신 회사의 세일즈 포인트는 무엇인지 어린아이들도 알 수 있도록 설명하는 것이다. 이것은 평범한 광고 대행사에서는 절대 할 수 없는 일이다. 이따금 우수한 카피라이터가 있을 때도 있지만, 그것은 매우 운이 좋은 경우다. 기본적으로는 사장 본인이 필사적으로 고민해야 하는 일이다.

그리고 광고가 효과를 발휘하면 영업이 훨씬 편해진다. 광고와 영업 방법은 함께 생각해야 한다. 광고를 통해 회사에 대한 예비지식을 가지게 하고 어느 정도 구매 의욕이 있는 고객을 모으는 데 성공하면 영업은 최후의 마무리만 확실히 하면 된다. 효율적인 광고는 효율적

작은 회사가 이익을 내는 방법은 따로 있다

인 영업을 낳는다.

　그러므로 이러한 광고를 소홀히 해서는 안 되며, 광고비를 삭감해서는 안 된다.

check! | 광고비를 줄여서는 안 된다. 효과적인 광고 방법을 고민하자.

이익을 내는
방정식이란

이익을 내는 방정식은 광고 효과가 제대로 나타날 때 완성된다. 광고 효과가 제대로 나타나면 광고를 보고 고객이 모여든다. 즉, 광고비를 쓸수록 고객이 모인다. 절대로 잃지 않는 도박을 하는 것과 같다. 그런 상태가 만들어지면 회사는 편해진다.

물론 광고비를 들이지 않고 고객을 모을 수 있다면 그보다 좋을 수는 없다. 가장 좋은 방법은 입소문이다. 또 다른 방법으로 언론에 노출시키는 것이 있다. 어떤 형태로든 기사에 소개되면 광고 효과가 있

| 그림 1-4 | 이익을 내는 방정식

> 광고를 통한 계약 성사 수×매출 총이익−광고비
>
> = 광고를 함에 따른 이익

광고를 통한 계약 성사 수×매출 총이익 > 광고비

가 되도록 광고를 고민한다!

광고를 통한 계약 성사 수가 늘어나면 광고에 따른 이익도 증가한다!

다. 게다가 이 방법은 돈이 들지 않는다. 그러므로 언론에 대한 보도 자료 배포도 적극적으로 하자.

그리고 한 번 온 고객을 고정 고객으로 만들어 구매 횟수를 늘리려는 노력도 게을리 해서는 안 된다. 기껏 광고를 해서 고객을 모았는데 구매 횟수가 한 번에 그친다면 아까운 일이다. "우리 회사는 단발성 고객이 타깃이다"라고 하지 말고 사후 서비스와 파생 상품 등을 통해 거래를 지속할 수 있는 관계를 만들자. 그런 노력이 있을 때 비로소 이익을 내는 방정식이 완성된다.

check! 이익을 내는 방정식을 향한 길은 멀고 험하지만, 도전해볼 가치가 있다.

대형 거래처를
만들지 마라

    장사가 잘되기 시작하면 대형 거래처가 생길 때가 있다. 그러나 중소기업의 경우는 대형 거래처에 충분히 주의를 기울여야 한다. 거래처가 중소기업이고 사장끼리 신뢰관계가 있으면 거래가 허무하게 중단되는 일은 일어나지 않는다. 서로 유익한 관계를 오래 지속할 수 있다. 그러나 상대가 대기업이면 담당자가 수시로 바뀌는 경우가 많다. 새로운 담당자는 거래가 시작된 경위를 모르며 오로지 금액만을 보고 거래를 계속할지 여부를 판단한다. 기껏 인간관계를 만들어도 숫자로만 평가받기 때문에 숫자에 나타나지 않는 부분은 제대로 평가되지 않는다. 그리고 대형 거래처에 의존하는 체제를 만들어 버리면 그 거래가 어떤 계기로 중단되었을 때 회사가 위기 상황에 빠질 수 있다.

중소기업은 작아도 좋으니 최대한 많은 거래처를 만들도록 해야 한다. 의자도 다리가 하나뿐이면 아무리 굵어도 안정적이지 않다. 그 다리가 부러지면 금방 쓰러진다. 그러나 가늘더라도 다리가 많으면 설령 한두 개가 부러진들 쓰러지지는 않는다. 다리가 어느 정도 많으면 대형 거래처를 받아들여도 좋지만, 그 전에 대형 거래처를 받아들이면 크게 고생할 수 있다. 이 점을 충분히 주의하기 바란다.

check! 굵은 다리가 하나뿐인 의자보다는 가늘지만 다리가 무수히 많은 의자가 더 튼튼하다.

세무사의 경리 실무 컨설팅

1

☑ **check!** 고객이 구입할 마음이 생기는 한도에서 가격을 최대한 비싸게 설정하자.

☑ **check!** 장사를 할 때 가장 중요한 일은 좋은 고객을 찾아내는 것이다.

☑ **check!** 단순한 식으로 매출 총이익을 구할 수 있도록 경리 처리도 맞춰 놓는다.

☑ **check!** 타사의 숫자는 거의 도움이 되지 않는다고 생각하자.

☑ **check!** 매출을 늘리는 세 가지 방법을 시도해본다.

☑ **check!** 광고비를 줄여서는 안 된다. 효과적인 광고 방법을 고민하자.

☑ **check!** 이익을 내는 방정식을 향한 길은 멀고 험하지만, 도전해볼 가치가 있다.

☑ **check!** 굵은 다리가 하나뿐인 의자보다 가늘지만 다리가 무수히 많은 의자가 더 튼튼하다.

2장

작은 회사의
경리는
이렇게 간단하다

사장이
경리를 모르는 것은
심각한 문제다

중소기업 사장이 경리를 모르는 것은 심각한 문제다. 자신의 돈으로 사업을 하고 있고 자기 재산을 담보로 사업 자금을 대출 받는 등 리스크를 100퍼센트 안고 있으면서도 경리에 대해 모른다는 것은 문제가 있다고 생각하지 않는가?

게다가 경리는 매우 간단하다.

물론 대기업의 경리는 까다롭고 어렵다. 대기업의 경리는 머리 좋은 사람들이 '어떻게 하면 회사의 진짜 모습을 정확하게 표현할 수 있을까?'에 대해 머리를 쥐어짠 끝에 결과적으로는 아무도 진짜 모습을 알 수 없는 구조가 되어 버렸기 때문이다.

"에이, 설마……"라고?

한 번 생각해보기 바란다. 지금도 기억이 생생한 리먼 쇼크는 왜 일어났을까? 리먼 쇼크는 저소득층을 대상으로 한 주택 론(서브프라임 론)의 증권화 상품을 대량 보유한 리먼 브라더스의 파산이 계기가 되어 발생한 금융 위기다. 서브프라임 론의 증권화는 머리가 좋은 사람들이 '어떻게 하면 사람들이 돈을 투자하고 싶어 하는 금융 상품을 만들 수 있을까?'를 열심히 연구한 결과로 만들어졌다. 사실은 커다란 리스크가 있는 상품임에도 그 사실이 최대한 드러나지 않도록 만들어 돈을 끌어 모은 다음, 리스크가 표면화되기 전에 팔고 도망치기 위해 고안해낸 것이다. 만약 머리가 좋은 사람들이 만든 자료가 정말 실태를 있는 그대로 보여주는 것이었다면 누구나 그 리스크를 이해할 수 있었을 것이다. 또 그래야만 했다. 그러나 실제로는 리스크가 있기는 하지만 큰돈을 벌 수 있는 상품임을 설명하는 자료가 되어 버렸다. 그리고 그 숫자에 현혹된 사람들이 큰 손해를 본 것이다.

대기업의 경리는 머리가 좋은 사람들이 엄청나게 궁리한 결과 결산서를 봐도 그 회사의 진정한 모습이 어떤지 아무도 알 수 없게 되어 버렸다. 궁리해서 만들었다는 말은 거꾸로 생각하면 궁리하기에 따라 얼마든지 숫자를 만들어낼 수 있다는 의미가 아닐까? 한편 중소기업의 경리는 그렇지 않다. 규모가 작은 만큼 궁리할 여지도 적다. 이렇게 보면 대기업의 경리와 중소기업의 경리는 '완전히 별개

반드시 이익을 내는 사장의 현금 관리법

의 것'이라고 생각해도 무방할지 모른다.

나는 주로 중소기업을 상대로 일하는 세무사다. 중소기업의 경리는 대체로 총무가 겸하는 경우가 많고, 그중에는 회계 관련 공부를 한 적이 없는 사람도 많다. 그런 사람들에게 나는 내 방식으로 경리 방법을 가르치는데, 대부분은 "정말 이것만 하면 되는 겁니까?"라는 반응을 보인다.

그렇다. 중소기업의 경리는 정말로 '고작 그것만' 하면 충분하다. 그리고 경리를 '고작 그것만'으로 처리해 의미 있는 경리 자료를 만들기 위해서는 사장의 이해와 직원들에 대한 지시가 반드시 필요하다. 그래야 경리 사무 처리의 합리화를 꾀하는 동시에 의미 있는 경리 자료를 만들 수 있으며, 결과적으로 경리를 회사의 경영에 활용할 수 있다.

그러면 지금부터 설명을 시작할 테니 열심히 쫓아오기 바란다.

check! ⋮ 중소기업의 경리는 간단하다. 두려워할 필요가 전혀 없다.

작은 회사의 경리는 이렇게 간단하다

사장에게
필요한
'경리 기술'이란

서점에 가면 '경영 분석이 중요하다'라는 주제의 책을 흔히 볼 수 있다. 그리고 회계 사무소에서 매월 내놓는 자료에도 경영 분석 지표 등이 나와 있다. 물론 경영 분석이 중요한 것은 사실이다. 그러나 중소기업의 사장에게는 그보다 더 중요하며 꼭 익혀야 하는 '경리 기술'이 있다. 그것은 바로,

'우리 회사 결산서의 내용이 정말 올바른가?'를 판단하는 능력이다.

중소기업의 결산서를 보고 나도 모르게 얼굴을 찌푸릴 때가 있다. 숫자가 잘못되었는데도 그것을 사용해 경영 분석을 하거나 경영 계획을 세웠을 때다. 잘못된 숫자를 사용하면 당연히 잘못된 분석 결과 밖에 나오지 않는다. 그리고 원래의 자료가 정확한지 확인하는 것이 가장 중요한 일임에도 그 작업을 하지 않으며 그 방법을 알려고도 하지 않는 사장이 매우 많다. 또 이 '결산서가 올바른지 아닌지 판단하는 능력'을 키우면 직원의 부정을 막을 수 있으며 매출채권(외상판매 대금)의 미회수 등도 방지할 수 있다. 그러니 사장은 먼저 '내 회사의 경리 서류가 올바르게 작성되었는가?'를 판단하는 능력을 키우도록 하자. 이 책에서는 그 방법을 알려줄 것이다.

그리고 그 방법을 매달 확실히 실천하면 경리 숫자의 정확도가 높아져 사장에게 진짜 필요한 '경영에 활용할 수 있는 숫자'를 이끌어 낼 수 있게 된다. 경영 분석은 매달 올바른 숫자를 확실하게 이끌어 낼 수 있게 된 다음에 해도 충분하다.

여기서 내 개인적인 의견을 말하자면, 중소기업은 경영 분석을 안 해도 큰 문제가 되지 않는다고 생각한다. 경영 분석이 발달하게 된 이유는 무엇일까? 일반적으로 은행 등 제삼자가 타인이 운영하는 회사의 경영 상태를 판단하기 위한 좋은 판단 기준이 없을까라는 발상에서다. 따라서 중소기업 사장이 자기 회사의 경리 서류를 보고 경영 분석을 한들 그다지 의미가 있다고는 할 수 없다. 필요한 것은 이익률 정도가 아닐까?

기업이 존속해 나가기 위해 가장 중요한 것은 '현금이 늘어나고

작은 회사의 경리는 이렇게 간단하다

│ 그림 2-1 │ 결산서가 올바른지 판단하는 능력을 키우자

있는가, 줄어들고 있는가?'이며, 이것은 현금 흐름을 분석하면 알 수 있다. 뒤에서 말하겠지만, 현금흐름표는 사장이 직접 만드는 게 좋다. 그밖의 경영 분석은 필요할 때 하면 충분하다.

check! │ 중소기업의 사장에게는 경영 분석보다 현금 흐름의 파악이 더 중요하다.

경리는
전문 지식이 **없**어도
할 수 있다

경리를 알아야 한다고 말하면 '부기 공부를 해야겠군'이라고 생각하는 사람이 많다. 그러나 사실 최근의 경리 실무에는 부기 지식이 그다지 필요하지 않다. 물론 지식이 있어서 나쁠 것은 없으므로 공부를 해도 상관없지만, 어설프게 공부하면 그 지식이 오히려 방해물이 될 수도 있다. 이에 대해서는 차차 설명해 나가도록 하겠다.

그렇다면 왜 부기를 몰라도 경리가 가능한 것일까? 최근에는 컴퓨터가 널리 보급되어 있다. 이제 경리 업무는 수작업이 아닌 컴퓨터로 처리한다. 컴퓨터의 장점은 무엇일까? 그렇다. '정해진 작업을 오류 없이 정확하게 처리하는 것'이다.

경리 업무는 대체로 매달 그날그날의 정해진 작업이 반복된다. 매일 다른 일이 일어나 그에 대응해야 하는 경우는 거의 없다. 급여일에는 급여를 지급하고, 월말에는 대금을 지급하며, 월초에는 청구서를 발행해 매출채권을 회수하는 식의 작업을 매달 반복한다. 1년에 한 번 하는 작업도 있지만 그것도 매년 똑같은 작업이 반복된다. 한적이 없는 처리를 해야 하는 경우는 한 달에 한 번 있을까 말까일 것이다. 그런 의미에서 볼 때 그날그날의 처리 패턴만 컴퓨터에 기억시키면 일반적인 경리 업무는 누구나 할 수 있다. 남은 것은 처리 후에 그것이 틀리지는 않았는지 확인하는 일뿐이다.

즉, 경리 담당과 사장에게 필요한 것은 '부기 지식'이 아니라 작업한 결과가 잘못되지는 않았는지 확인하는 능력이다. 이것이 바로 '결산서가 올바른지 판단하는 능력'이다. 그리고 이를 위해 필요한 것은 부기 지식이 아니라 회사의 사정을 얼마나 잘 알고 있느냐다.

처음 방문하는 회사의 사장들은 세무사인 나에게 종종 "저희 회사의 경리 숫자가 정확한지 확인해 주십시오"라는 상담을 한다. 그러나 외부 사람이 와서 결산서를 대충 훑어보고 "틀림없이 정확합니다"라고 말할 수는 없다. 왜냐하면,

매출에 누락이 있지는 않은가?

매입한 재료는 전부 계상되어 있는가?

반드시 이익을 내는 사장의 현금 관리법

재고는 정확한가?

이러한 부분은 회사 내부의 사람이 아니면 알 수 없기 때문이다. 외부인은 이런 것을 내부인에게 물어보는 수밖에 없다. 따라서 "지금 주신 자료의 범위 안에서는 정확합니다"라고는 말할 수 있어도 "이 결산서는 틀림없이 정확합니다"라는 말은 할 수 없다.

또 "우리 회사는 경리를 잘 아는 사람이 없어서 회계 사무소에 일임했습니다"라는 중소기업도 있는데, 사실은 그런 회사일수록 직접 경리를 처리하는 편이 낫다. 자사에서 직접 경리를 처리하는 것과 거의 차이가 없는 노력을 들여서 회계 사무소에 제출할 자료를 만들고 있을 터이기 때문이다.

회계 사무소는 내부인이 아니기 때문에 회사로부터 올바른 정보를 받지 못하면 정확한 경리 서류를 만들 수 없다. 결국 그 정보를 정리하는 사람은 아마도 회사의 사무 담당일 것이다. 그리고 그 정보를 정리하려고 해도 경리에 대해 모르면 할 수가 없다. 즉, 의욕이 있는 사장이나 직원은 결과적으로 자기도 모르는 사이에 경리 공부를 하고 있는 셈이다. 그렇다면 경리 처리를 외부에 맡길 필요가 있는지 묻고 싶다. 게다가 경리를 외주하면 자신의 회사가 이익을 올리고 있는지 아닌지도 회계 사무소에 물어봐야 알 수 있다.

가장 중요한 정보를 타인에게 물어봐야 한다니 문제가 있다고 생각하지 않는가?

우리 회사의 수입과 지출 상황은 어떠한가?

그리고 자금 조달은 어떻게 되고 있는가?

작은 회사의 경리는 이렇게 간단하다

이것을 스스로 파악하려 하지 않는 회사에는 미래가 없다고 해도
과언이 아니다.

check!　| 　경리 업무는 작업한 결과가 잘못되지 않았는지 확인하는
　　　　　　　능력이 더 중요하다.

☑ **check!**   중소기업의 경리는 간단하다. 두려워할 필요가 전혀 없다.

☑ **check!**   중소기업의 사장에게는 경영 분석보다 현금 흐름의 파악이 더 중요하다.

☑ **check!**   경리 업무는 작업한 결과가 잘못되지 않았는지 확인하는 능력이 더 중요하다.

3장

경리의
본질을
이해하라

경리란
무엇일까

경리에 대한 이야기를 하면 아무래도 내용이 딱딱해지기 쉬운데, 여기에서는 결산의 대략적인 이미지를 파악했으면 한다. 이미지가 떠오르면 이해도 빨라지기 때문이다.

그런데 결산이란 과연 무엇일까?

무엇을 위해 결산을 하는 것일까?

왜 결산을 하는지에 대해 옛날 이야기식으로 간단한 예를 들어 보도록 하겠다.

옛날 옛적 유럽에는 '대항해 시대'라고 부르는 시절이 있었다. 당시 콜럼버스라는 젊은이가 중대한 결심을 했다.

'인도로 갈 때 다들 동쪽으로 가는데, 내가 생각하기에는 서쪽으로 가도 인도에 도착할 수 있을 것 같아. 어쩌면 그 편이 더 가까울지도 몰라. 새로운 장사 방법을 발견할 수 있을지도 모르지. 지금까지 아무도 서쪽으로 출발해 인도에 도착한 사람이 없기 때문에 리스크도 꽤 크지만 그래도 꼭 도전해보고 싶어'.

물론 돈이 있다면 자신의 힘으로 어떻게든 도전해볼 수 있겠지만 콜럼버스에게는 돈이 없었다. 그래서 어쩔 수 없이 사람들을 찾아다니며 계획을 설명하고 "이 계획이 좋다고 판단하신다면 제게 투자하지 않겠습니까? 만약 이 프로젝트가 성공해 큰 이익을 거두면 그 투자금을 몇 배로 불려서 돌려드리겠습니다. 이 정도면 괜찮은 투자라고 생각하지 않으십니까?"라고 제안했다. 그러나 이런 황당무계해 보이는 제안에 돈을 투자하는 사람은 없었다.

그러던 어느 날, 콜럼버스는 스페인 국왕 앞에서 이야기를 할 기회를 얻었다. 그동안 여러 사람 앞에서 이야기한 경험 덕분에 프레젠테이션 능력도 많이 향상되었을 것이다. 국왕은 "흥미로운 이야기군. 알겠네, 돈을 지원해주지"라고 말했다. 콜럼버스는 뛸 듯이 기뻐하며 그 돈으로 배를 사고 선원을 고용해 서쪽으로 항해를 떠났다. 다행히도 서쪽에서 인도가 아닌 신대륙을 발견했고, 그곳에서 새로운 상품을 찾아내 돌아올 수 있었다. 새로운 상품을 솜씨 좋게 판 덕분에 국왕에게 받은 돈은 몇 배로 불어났으며, 이에 국왕도 크게 기뻐

했다(역사적 사실과는 다소 다른 부분도 있지만 이해를 돕기 위한 예이므로 양해를 바란다).

그러면 오늘날의 경리 용어를 사용해 이 이야기를 다시 설명해보자.

먼저 출자자가 있다. 바로 국왕이다. 지금으로 치면 '주주'이며, 주주가 준 돈이 '자본금'이다. '주주'인 국왕으로부터 '자본금'을 맡고 그 회사의 운영을 위임받은 콜럼버스는 '사장'이다. 콜럼버스는 '사장'의 책임에 따라 '직원'을 고용하고 배를 사는 '설비 투자'를 했다. 그리고 신대륙을 발견해 상품을 '매입'하고, 고국으로 돌아와 이것을 '매출'로 계상했다. 마지막으로 배를 팔아 돈으로 바꾸고('고정 자산의 매각'), 직원에게 '급여'를 지급했으며 자신의 보수인 '임원 보수'도 확실히 받았다. 그리고 남은 돈이 국왕에게 지급할 수 있는 돈이다. 즉 이 남은 돈은 처음에 주주에게서 출자 받은 '자본금'과 주주에게 지급할 수 있는 최종 이익인 '배당'의 합계인 것이다.

이것이 결산의 기본형이다.

정리하자면 이렇다.

어떤 프로젝트에 동의하는 주주에게 돈을 출자 받아 그것을 밑천으로 장사를 한다. 그리고 프로젝트가 끝나면 그 시점에서 전부 현금화해 정산하고 남은 돈을 주주에게 되돌려준다.

이것이 결산의 본래 모습이다.

그러나 현실적으로 회사에서 이러한 작업을 하는 것은 무리가 있

경리의 본질을 이해하라

국왕(주주)

자본금

콜럼버스(사장)

배(설비 투자)

선원(직원)

상품 매입

판매

고정 자산의 매각

임원 보수

선원 전원의 급여

| 그림 3-1 | 결산의 본래 모습

다. 잘 생각해보자. 먼저 회사를 언제까지 계속할지 알 수 없다. 기본적으로는 어떤 회사든 영원히 지속되기를 바랄 것이다. 만약 회사가 영구히 지속된다면 결산은 영원히 할 수 없는 셈이 된다. 다만, 설령 결산을 할 수 없다고 해도 돈을 투자해준 주주에게 지금 회사의 상황이 어떤지에 대해 1년에 한 번 정도는 보고해야 할 의무가 있다. 그래서 1년에 한 번 '만약 지금 회사를 청산한다면 주주에게 얼마나 되돌려줄 수 있는가?'를 계산해 주주에게 보고한다는 규칙을 만들었다.

그렇다면 주주에게 되돌려줄 수 있는 금액은 어떻게 계산할까? 먼저 현재 회사에 있는 전 재산(=자산)을 다 긁어모아 그것이 얼마나 되는지 집계한다. 다음에는 누군가에게 갚아야 하는 대출금 등 부채의 금액을 전부 집계한다. 그 차액이 바로 주주에게 되돌려줄 수 있는 금액(=자본)이다(그림 3-2). 이것이 재무상태표의 기본형이다.

그런데 전 재산을 긁어모아 얼마나 되는지 집계하라고 해도 실제로 팔아 보지 않고서는 얼마가 될지 정확히 알 수 없다. 물론 그렇다고 해서 회사에서 사용하고 있는 설비를 진짜로 팔 수도 없는 노릇이다. 그래서 어쩔 수 없이 일단 '가계산(假計算)'으로 자산을 집계하게 된다.

즉, 현재의 결산은 아무리 머리가 좋은 사람이 애를 쓴다 해도 '가계산'일 수밖에 없는 것이다.

현재 세계를 무대로 활동하는 대기업에서 중소 영세 기업에 이르기까지 모든 회사에서 실시하고 있는 결산은 결국 진짜 결산이 아니

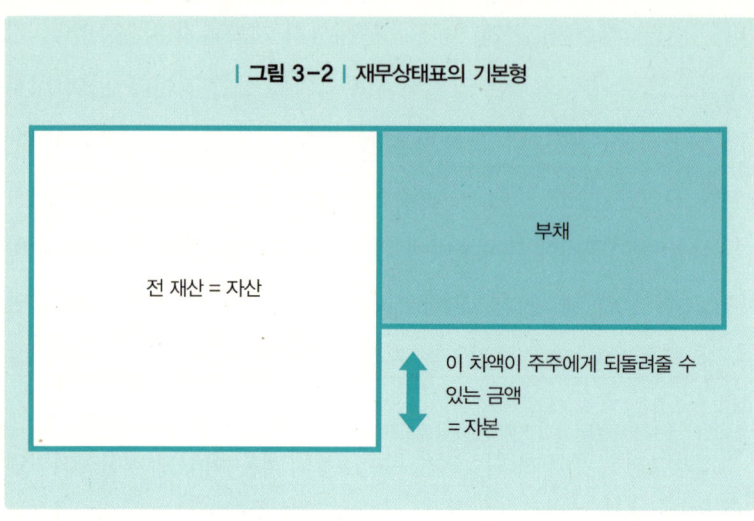

| 그림 3-2 | 재무상태표의 기본형

전 재산 = 자산

부채

이 차액이 주주에게 되돌려줄 수
있는 금액
= 자본

라 '가결산'이다. '가정(假定)'이 크게 판치는 세계. 이것이 회계라는
세계의 현실이며 한계다.

check!   먼저 결산의 한계를 알자.

사장에게
중요한 것은
재무상태표다

앞에서 이야기했듯이, 진짜 결산은 불가능하므로 어쩔 수 없이 '주주에게 얼마를 되돌려줄 수 있는가?'를 임시로라도 계산하는 것이 지금의 결산이다. 그런데 결산에 대한 일반적인 설명은 "한 해 동안 회사가 올린 경영 성적을 명확히 하기 위해 실시하는 것"이다. 그리고 시중에 있는 경리에 관한 책을 보면 그 한 해 동안의 이익을 명확히 하기 위해 손익계산서를 작성한다고 나와 있다.

그러나 이것은 잘못된 설명이다. 이익이란 정확히 말하자면 '주주

에게 되돌려줄 수 있는 금액이 그 한 해 동안 얼마나 늘어났는가?'이
다. 반대로 되돌려줄 수 있는 금액이 줄어들었으면 손실이 났다, 혹
은 적자였다고 한다. 그런데 주주에게 되돌려줄 수 있는 금액을 어떻
게 계산했는지 기억하는가?

그렇다. 모든 재산을 금액으로 환산해 집계하고 갚아야 하는 부채
도 모두 집계해 그 차액을 계산했다. 그리고 그것을 표현하는 서류는
손익계산서가 아니라 재무상태표다. 즉 재무상태표를 올바르게 작성
하는 것이 결산의 본질인 것이다.

다음으로 연속된 두 기(期)의 재무상태표를 나열하면 어떻게 될까?
주주에게 되돌려줄 수 있는 금액이 늘어났는지 줄어들었는지 알 수
있다. 즉 이익이 나고 있는지 알기 위해 손익계산서를 볼 필요는 없
다는 말이다. 두 기의 재무상태표를 나열해보면 이익이 나고 있는지
아닌지 금방 알 수 있다. 손익계산서는 필요 없다.

예제를 하나 내겠다. 결산을 한다고 생각하고 실제로 재무상태표
를 만들어보자.

① 자본금 10만 원으로 회사를 만들었다.
　　(그림 3-3 참조)

② 그 회사가 은행에서 3만 원을 빌렸다.
　　(그림 3-4 참조)

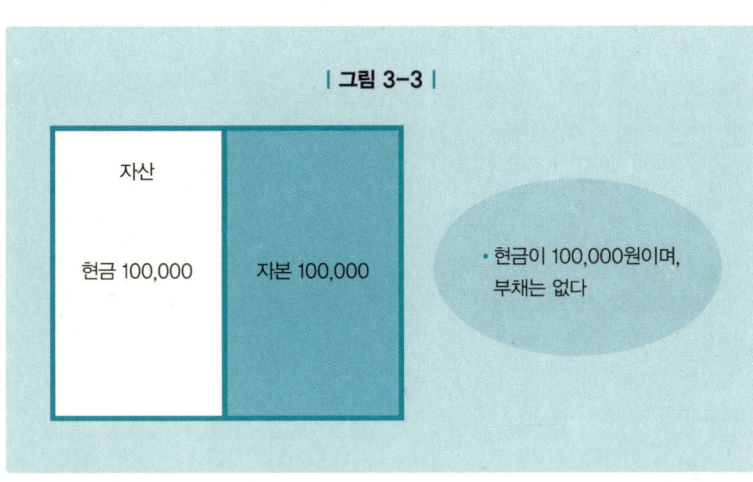

| 그림 3-3 |

자산	자본 100,000
현금 100,000	

• 현금이 100,000원이며,
  부채는 없다

| 그림 3-4 |

자산	부채 차입금 30,000
현금 130,000	자본 100,000

• 현금이 처음에 있던 100,000원과
  은행에서 빌린 30,000원을 합쳐
  130,000원 있다.
• 부채는 차입금 30,000원이 있다.
• 자본은 전기(前期)와 동일하므로
  이익은 제로.

| 그림 3-5 |

자산	부채
	차입금 30,000
현금 60,000 상품 70,000	자본 100,000

- 상품을 70,000원어치 샀으므로 현금은 60,000원이 되었다.
- 부채는 여전히 차입금 30,000원.
- 자본은 전기와 동일하므로 이익은 제로.

| 그림 3-6 |

자산	부채
	차입금 30,000
현금 180,000 상품 14,000	자본 164,000

- 상품이 1500원에 80개 팔렸으므로 현금은 120,000원 늘어나 180,000원.
- 상품은 팔리지 않고 남은 것이 20개이므로 14,000원.
- 부채는 여전히 차입금 30,000원. 처음으로 자본이 증가했다. 즉 64,000원의 이익이 생겼다.

| 그림 3-7 |

자산	
현금 150,000 상품 14,000	자본 164,000

- 은행에 30,000원을 갚았으므로 현금은 150,000원이 되었다.
- 부채는 없어졌다. 자본은 전기와 동일하므로 이익은 제로.

| 그림 3-8 |

자산	
현금 150,000	자본 150,000

- 상품(달걀)은 전부 깨져 버렸으므로 제로가 되었다. 이 기에는 14,000원의 손실이 났다.
- 여기까지 온 시점에서 처음에 100,000원이었던 자본이 150,000원까지 늘어났다. 즉 6기 사이에 50,000원의 이익이 생긴 셈이다.

③ 한 개에 700원인 상품(일단 달걀이라고 하자)을 100개 매입했다.

　(그림 3-5 참조)

④ 그 달걀을 한 개 1500원에 팔았다. 20개가 팔리지 않고 남았다.

　(그림 3-6 참조)

⑤ 은행에 3만 원을 갚았다.

　(그림 3-7 참조)

↓

⑥ 팔리지 않고 남은 달걀 20개는 전부 깨져 버렸다.

　(그림 3-8 참조)

　어떤가? 이것으로 이 회사의 6기에 걸친 결산을 체험할 수 있었다. 이 회사가 각 기에 얼마나 이익을 냈는지, 혹은 손해를 봤는지 알겠는가?

　그러면 생각해보기 바란다.

　자산을 집계하는 데도, 부채를 집계하는 데도 부기 지식은 사용되지 않았다. 그렇지 않은가? 그런데도 결산은 완성되었다. 즉 결산을 할 때 부기 지식은 필요 없으며, 또 이익을 계산할 때 손익계산서는 필요가 없다. 이 점을 잘못 알고 있기 때문에 모두 손익계산서만 뚫어져라 들여다보고 정말로 중요한 재무상태표는 간과하는 것이다.

회사가 이익을 내고 있는지 알기 위해 필요한 서류는 재무상태표다. 이 점을 확실히 알아두기 바란다.

check!   결산에 손익계산서는 필요 없다.

손익계산서의
의미

지금까지 결산에 필요한 서류는 재무상태표뿐이며 손익계산서는 필요 없다는 이야기를 했다. 단순히 이익이 나고 있는지 아닌지만 알고 싶을 뿐이라면 손익계산서는 필요 없다. 그러나 실제로 주주에게 1년 동안의 경영 상태를 설명할 때 재무상태표만 보여주고 "올해의 이익은 이 정도입니다. 끝"이라고 하는 것은 너무 불친절하다. 주주는 '이익이 난 것은 알겠는데, 어떻게 해서 늘어난 것이지?'라든가 '사실은 더 이익이 났는데 사장이 임원 보수를 터무니없이 많이 받아서 줄어든 거 아냐?' 등의 의문을 품을 수 있다. 그런 의문이나 질문에 미리 대답하기 위해 만드는 설명 자료가 바로 손익계산서다. 손익계산서는 사실 없어도 되는 자료이지만 주주 총회에서 주주의 질문에 대비하기 위한 '가상 질의응답 모음집'이라고 할 수 있다.

그런데 중소기업의 경우 주주는 누구일까? 중소기업의 주주는 대체로 사장이다. 즉, 중소기업의 손익계산서는 주주이기도 한 사장을 위해 만드는 설명 자료다. 이 점을 착각하지 말기 바란다. 결코 세무서를 위해 만드는 것도, 회계 사무소를 위해 만드는 것도, 부기 자격을 가진 경리 담당자가 자기만족을 위해 만드는 것도 아니다.

그런데 여기에서 사장들이 착각하는 점이 있다. '부기 자격을 가진 사람이 아니면 올바른 손익계산서를 만들 수 없다'라는 착각이다. 올바른 손익계산서란 무엇일까? 단지 이익을 내고 있는지 아닌지를 알기 위해서라면 손익계산서는 필요 없다. 주주에게 설명하기 위한 자료. 이것이 손익계산서의 유일한 존재 의의다. 즉 올바른 손익계산서란 주주가 가장 이해하기 쉬운 손익계산서인 것이다. "정확한 이익을 산출하기 위해 올바른 손익계산서를 작성해야 한다"라는 말은 거짓말이다. 그 이유는 지금까지 설명한 대로다. 정확한 이익을 산출하기 위해 필요한 것은 올바른 재무상태표이지 손익계산서가 아니다. '올바른 손익계산서'는 주주인 사장이 가장 이해하기 쉬운 설명 자료여야 한다.

그런데 부기 지식을 가진 사람은 그 부기 지식이 '올바른 손익계산서'를 만드는 데 걸림돌이 될 수 있다. 이렇게 말하면 이해가 잘 안

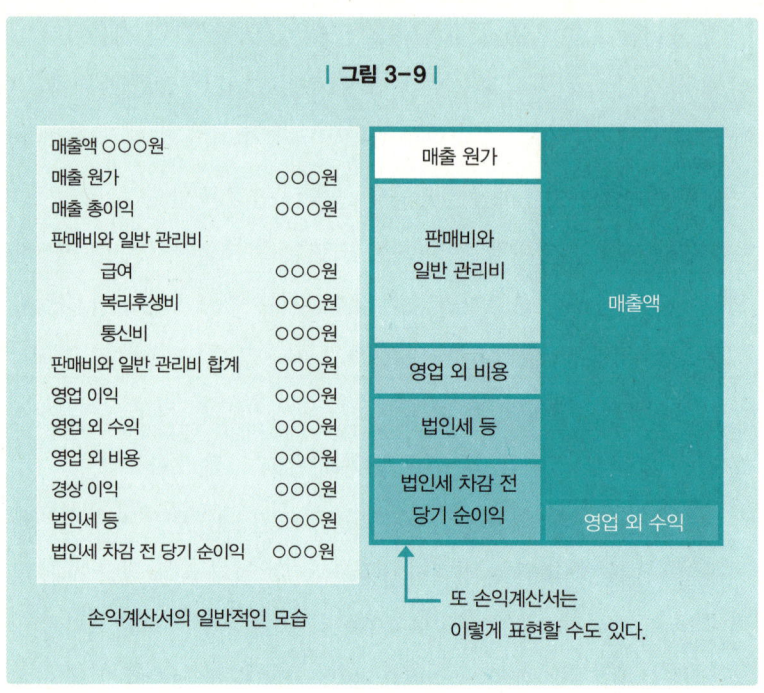

| 그림 3-9 |

매출액 ○○○원
매출 원가 ○○○원
매출 총이익 ○○○원
판매비와 일반 관리비
　　급여 ○○○원
　　복리후생비 ○○○원
　　통신비 ○○○원
판매비와 일반 관리비 합계 ○○○원
영업 이익 ○○○원
영업 외 수익 ○○○원
영업 외 비용 ○○○원
경상 이익 ○○○원
법인세 등 ○○○원
법인세 차감 전 당기 순이익 ○○○원

손익계산서의 일반적인 모습

매출 원가

판매비와
일반 관리비

영업 외 비용

법인세 등

법인세 차감 전
당기 순이익

매출액

영업 외 수익

또 손익계산서는
이렇게 표현할 수도 있다.

될지도 모르는데, 예를 들자면 이런 것이다. 자동차 검사를 하러 갔다고 가정하자. 자동차 검사 비용을 보면 여러 가지 항목이 있다. 자동차 보험료, 부품비, 정비공임 등이다. 부기 시험에서는 이것을 각각 '지급 보험료'와 '세금과 공과', '수선비' 등으로 나눠야 한다. 안 그러면 오답으로 처리되어 시험에 떨어지기 때문이다. 그러나 여기에서 문제는 그렇게 나누면 정말로 주주(사장)가 알기 쉬운 설명 자료가 되느냐는 점이다. 자동차에 들어가는 경비는 전부 '차량 유지비'

로 묶는 편이 알기 쉬울 수도 있고, 자동차 검사는 2년에 한 번만 하지만 금액이 나름 크기 때문에 '자동차 검사 비용'으로 독립시켜 집계하는 편이 이해하기 쉽다. 경리 담당자가 할 일은 '주주이기도 한 사장이 알고 싶어 하는 정보는 무엇인가?'를 정확히 이해하고 그 사장의 기대에 부응하는 설명 자료로써 손익계산서를 만드는 것이다. 그러므로 사장은 망설이지 말고 자꾸 질문하며 "다음부터 이런 식으로 집계할 수 있도록 노력해주게"라고 경리 담당자에게 요구하기 바란다. "부기 학원에서는 이런 식으로 하라고 배웠습니다"라는 대답이 돌아오더라도 물러서서는 안 된다. 회사는 부기 시험을 치는 곳이 아니다. "나는 이러이러한 정보를 알고 싶으니 이렇게 집계를 해주게"라고 계속 요구하자.

그리고 계속 바꿔보면서 발전시켜보자. 일단 이렇게 집계해봤는데 의미가 없었다든가 더 이상 넣지 않아도 되는 자료들이 생길 수도 있다. 그럼에도 한 가지 방법만을 고집하면서 의미 없는 집계를 계속하는 것은 비용과 노력의 낭비다. 그런 낭비를 없애려면 필요 없는 것은 즉시 그만두도록 지시해야 한다. 그렇게 할 때 손익계산서는 비로소 도움이 되는 쓸 만한 자료로 진화하게 된다.

다만 너무 세세한 숫자에 집착해 작업이 번잡해지는 일은 피해야 한다. 경리 업무는 의미 있는 작업을 할 때 비로소 이익의 원천이 어디에 있는지 판단할 수 있는 재료를 제공한다. 그런데 그런 작업을 시키지 않는다면 안타깝지만 돈을 만들어내는 작업이 되지 못한다. 비용 대 효과를 생각하면서 어떻게 해야 효율적으로 숫자를 집계할

경리의 본질을 이해하라

수 있을지도 경리 담당자와 함께 고민해야 한다. 그리고 의미 있는 숫자를 집계하려면 경리 담당자뿐만 아니라 직원 모두의 협력이 필요하다. 모두의 협력 없이 경리 담당자 혼자 고군분투해서는 좋은 결과물이 나오지 않는다. 이를 위해서는 경리 담당자가 직원들에게 지시하는 것이 아니라 '사장의 지시'가 필요하다. 좋은 설명 자료를 만들려면 평소에 모든 직원의 협력, 그리고 사장의 지시와 이해가 필요함을 명심하기 바란다.

check! 　┆　 손익계산서는 어디까지나 설명 자료다.

가장 **현실**적이고 **실제**적인 **결산 방법** ①

앞에서 말했듯이, 현재는 전 자산을 집계하고 부채를 집계할 때 가계산을 한다. 그러나 모든 회사가 자신이 세운 기준에 따라 가계산을 하면 회사가 어떻게 생각하느냐에 따라 결산 숫자가 제각각이 되어 버리기 때문에 세무서나 은행 등 제삼자가 봤을 때 그 숫자를 신용해도 될지 알 수 없어진다. 게다가 법인세는 회사의 이익에 대해 부과된다. 따라서 회사가 멋대로 자신만의 기준에 따라 결산을 하면 똑같은 활동을 해도 이익 금액이 저마다 달라지기 때문에 세금을 부과할

경리의 본질을 이해하라

때 불공평해진다. 그래서 가계산을 하기 위한 최소한의 규칙이 정해졌다.

그 규칙에는 몇 가지가 있다.

먼저 자산에 대한 규칙이다. 자산이 되는 것은 현·예금, 매출채권(외상 판매 대금)과 금융채권(즉 누군가에게 돈을 받을 권리), 누군가에게 무엇인가를 제공 받을 권리(선급 비용이나 선급금), 재고(앞으로 팔 물건이나 앞으로 사용할 것으로서 현재 창고에 잠들어 있는 것), 그리고 고정 자산과 무형 자산 등이다.

먼저 재무상태표의 자산 변의 유동 자산부터 살펴보자.

| **그림 3-10** | **재무상태표의 기본형**

자산	부채
유동 자산	매입채무(외상매입대금)
현·예금	차입금
매출채권(외상판매대금)	선수금
금융채권	선수 수익
선급 비용	충당부채(미확정된 부채)
선급금	
재고	
고정 자산	
무형 자산	

반드시 이익을 내는 사장의 현금 관리법

현·예금

현·예금은 그 금액을 그대로 기재하면 되므로 아무런 문제가 없다.

매출채권과 대부금 등의 금융채권

매출채권이나 대부금 등의 금융채권은 '받을 수 있는 금액이 얼마인가?'가 명확하기 때문에 이것도 그다지 고민할 일은 없다. 다만 여기에서 주의해야 할 점은, 결산을 할 때 자산으로 집계해야 할 '금융채권'은 '기말까지 지급 받을 권리가 확정된 것에 한한다'는 것이다. '아마 팔 수 있겠지'라든가 '이 금액으로 팔 수 있을 거야' 같은 불확실한 금액을 적어서는 안 된다. 이것을 사장의 주관에 따라 결정할 수 있게 하면 회사마다 기준이 다른 결산이 되어버린다.

또 '기말까지 지급 받을 권리가 확정된 것'이라는 정의에 주목하기 바란다. 매출채권의 청구서를 발행했느냐 안 했느냐는 상관이 없다. 청구서 발행이 늦었지만 발행만 하면 돈을 확실히 받을 수 있는 것은 틀림없이 계상해야 한다. 또 결산일은 월말이지만 어떤 거래처에는 20일 마감으로 청구서를 발행하는 경우도 주의해야 한다. 21일부터 월말까지의 매출은 청구서만 발행하면 돈을 받을 것이 확정되어 있으므로 이것도 잊지 말고 계상해야 한다.

이러한 부분은 착각하기 쉬우니 주의하기 바란다. 세무 조사에서도 자주 확인되는 부분이다.

| 그림 3-11 | 유동 자산의 결산

현·예금

그 금액 그대로

매출채권, 대부금

기말까지 지급 받을 금액이
확정된 것

재고

'얼마에 샀는가?'
그 가격

선급 비용, 선급금

앞으로 제공받아야
하는 것

선급 비용과 선급금

다음은 누군가에게 무엇인가를 제공 받을 권리, 계정 과목으로 말
하면 선급 비용 또는 선급금이다. 조금 구체적으로 이야기하자면 임
차료나 무엇인가의 계약금 등이다.

임차료가 선불인 경우 다음 달분을 이번 달 말에 지급한다. 그리고
만약 어떤 이유로 그 집을 빌릴 수 없게 되면 선불로 지급한 임차료
는 되돌려 받아야 한다. 계약금도 실제로 주문한 것이 손에 들어오지
않으면 돌려받아야 한다. 이런 것도 결산을 할 때 확실히 집계해 자
산의 일부로 생각해야 한다. 이것도 지급한 금액이 명확하므로 얼마

로 집계해야 할지는 그다지 고민할 필요가 없다. '앞으로 받아야 할 것'을 금액으로 집계했다고 생각하면 된다.

재고

다음은 재고다. 이것은 꽤 어려운데, '얼마에 샀는가?'라는 구입 가격으로 기재하는 것이 기본이다(이것을 취득원가주의라고 한다). 재고가 많은 업종은 그 재고를 얼마에 샀는지 정확히 추적하는 것도 쉬운 일이 아니지만 일단 이런 원칙이 있음을 알아두기 바란다(다만 이 재고 이야기는 매우 복잡하고 오묘하다. 재고를 자산에 얼마로 집계해야 하는지에 대해서만 연구하는 학자도 있을 정도다).

check! 유동 자산의 결산 규칙을 먼저 파악하자.

가장 **현실**적이고 **실제**적인 결산 방법 ②

유동 자산 다음은 고정 자산과 무형 자산이다.

고정 자산

먼저 고정 자산을 살펴보자. 고정 자산이란 쉽게 말해 오랫동안 사용할 수 있는 자산을 뜻한다. 고정 자산도 기본적으로는 구입 가격으로 계상한다. 그러나 오래 사용할 수 있는 자산을 전부 목록화해 집계하라고 하면 볼펜 한 자루에서 스테이플러 한 개, 클립 하나에 이르기까지 모조리 집계해야 하는데, 그러면 범위가 너무나 방대해져 결산 작업이 힘들어진다. 그래서 액수가 그리 크지 않은 것은 집계하지 않아도 된다는 규칙을 만들었다. 법인세법에서 이 즉시상각의제 규칙을 정하며, 현재 기준 금액은 100만 원이다. 즉, 오래 사용하는 것이라도 구입 가격이 100만 원 이하면 자산으로 계상할 필요가 없다는 말이다(소액수선비 300만 원 미만인 경우에는 자산처리하지 않고 소액수선비(비용)로 처리 가능하다).

그러나 이와 같은 고정 자산은 해마다 상태가 나빠지다가 결국은 망가져 사용할 수 없게 된다. 그래서 고정 자산을 몇 년 동안 사용할 수 있을지 그 사용 가능 기간(=내용 연수)을 어림 계산하여 그 기간에 따라 매년 재무상태표에 기재하는 금액을 줄여 나가야 한다. 자동차도 구입했다가 바로 팔면 나름 비싼 값을 받을 수 있지만 해가 지날수록 중고로 팔 수 있는 가격이 점점 하락한다. 그리고 나중에는 고철 가격밖에 받지 못한다. 그런 의미에서도 매년 자산으로 집계하는 금액을 줄여 나갈 필요가 있다. 이것이 감가상각(減價償却)이다. 이 감가상각도 회사가 각자 기준을 정해서 계산하면 그 기준에 따라 회사의 실적이 크게 달라지기 때문에 회사의 이익에 대해 부과하는 세금에 영향을 준다. 그래서 일정한 방법으로 감가상각을 하도록 정해져 있으며, 대부분의 회사는 이 세법 기준에 따라 감가상각을 실시하고 있다.

| 그림 3-12 | 고정 자산과 무형 자산의 결산

무형 자산

마지막으로, 팔 수 있는 것도 아니고 사실은 재산도 아니지만 자산에 기재해야 하는 것이 있다. 매우 예외적인 존재다. 이것을 무형 자산이라고 부른다(예: 특허권, 영업권). 자주 있는 경우는 아니므로 이런 예외도 있다는 사실만 기억해두기 바란다. 먼저 그 금액을 재무상태표에 기재해야 하는지 안 해도 되는지 회계 사무소에 확인하도록 하자.

참고로 무형자산의 인식요건으로는 식별 가능성, 기업의 통제 가능 유무, 미래의 경제적 효익 등이 있다. 경비라고 생각하고('경비'라는 것은 '자산에 기재하지 않아도 된다'는 뜻) 지급했는데 나중에 "그건 자산으로 기재해야 합니다"라는 말을 들으면 "이야기가 다르잖아?"
라고 당황할 수 있기 때문이다.

가장 **현실**적이고
실제적인
결산 방법 ③

이번에는 부채에 대해 살펴보자. 부채는 자산에 비해 간단하다.

금융채무

먼저 매입채무(외상매입대금)나 차입금 등 '금융채무', 즉 앞으로
지급해야 하는 돈이 있다. 이것은 금액이 명확하므로 알기 쉽다.

반드시 이익을 내는 사장의 현금 관리법

선수금과 선수 수익

　다음에는 '선수금과 선수 수익'이 있다. 이것은 자산에서 나온 '선급금'과 '선급 비용'의 반대로, 계약금이나 착수금, 선불로 받은 임대료 등이다. 돈을 미리 받았으므로 앞으로 그 기대에 부응해 상품 또는 서비스를 제공해야 한다. 이것도 금액은 명확하므로 얼마로 집계해야 하는지 고민할 필요는 거의 없다.

　부채로 기재하는 것의 원칙은 '기말까지 지급 의무가 확정된 것'으로서 '돈은 받았지만 그에 대한 상품이나 서비스의 인도가 완료되지 않은 것'이다. 이러한 것들을 전부 목록화해 집계해야 한다.

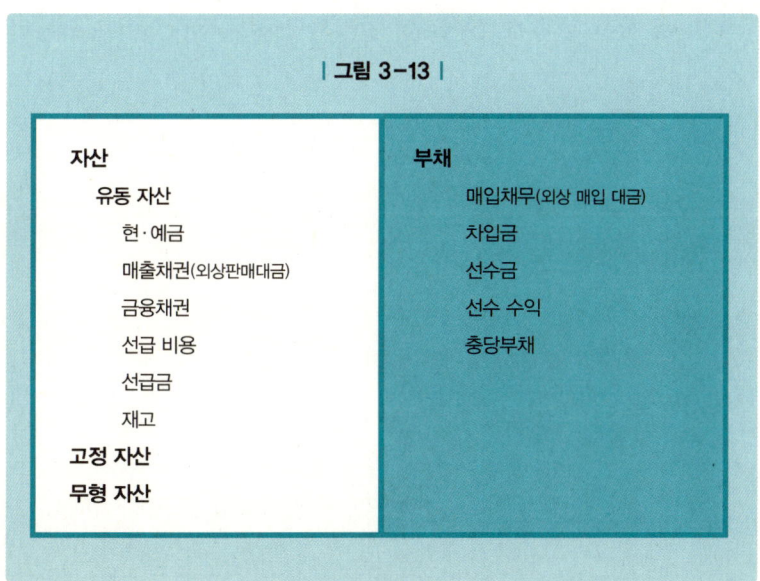

| 그림 3-13 |

자산
　유동 자산
　　현·예금
　　매출채권(외상판매대금)
　　금융채권
　　선급 비용
　　선급금
　　재고
　고정 자산
　무형 자산

부채
　매입채무(외상 매입 대금)
　차입금
　선수금
　선수 수익
　충당부채

충당부채

그러나 부채에도 예외가 하나 있다. '충당부채'가 바로 그것이다. 충당부채란 아직 지급 의무가 확정되지는 않았지만 지급하게 될 가능성이 매우 높은 것이다. 가장 알기 쉬운 예로는 퇴직금이 있다. 퇴직금 규정이 있으면 직원이 회사를 그만뒀을 때 퇴직금을 지급할 의무가 있다. 그러나 만에 하나 직원이 어떤 부정행위 등을 저질러 징계 해고 등을 했을 때는 퇴직금을 지급하지 않아도 된다. 그런 의미에서 퇴직금은 결산일의 시점에서는 '지급이 확정된 것'이 아니다. 그러나 그런 예외가 있다고는 해도 퇴직금을 지급하게 될 가능성은 상당히 높다. 대부분의 직원에게는 퇴직금을 지급하게 될 것이다. 그리고 그 금액을 계산할 수도 있다.

따라서 이런 것에 대해서는 사실 부채로 집계하지 않아도 되지만 집계 대상에 넣어 두는 편이 좋다는 생각에서 기말 부채의 일종으로 집계하고 있다.

---

check! 부채의 결산 규칙까지 이해하면 결산은 끝난 것이나 다름없다.

재무상태표는
비망록이다

　지금까지 재무상태표의 자산과 부채를 집계하는 방법에 대해 설명했다. 그러면 다시 한 번 복습해보자.

　먼저 회사의 전 재산=자산 변이다. 재무상태표의 왼쪽에 적혀 있는 부분이다. 현·예금은 '수중에 있는 현금과 은행 예금 계좌 전부'다. 매출채권과 대부금 등의 금융채권은 '앞으로 지급받을 것이 확실한 돈 전부'다. 선급금과 선급 비용은 '앞으로 누군가에게 제공받아야 하는 것 전부'다. 재고는 '회사의 창고에 있는 것 전부'다. 앞으로 팔아야 하는 것들이다. 고정 자산은 '회사에 있는 100만 원 이상을 주고 산 것 전부'다. 언젠가는 팔거나 버려야 하는 것들이다. 그리고 예외적인 존재로 무형 자산이 있다.

다음에는 회사의 부채다. 매입채권과 차입금 등은 '앞으로 지급해야 하는 것 전부'다. 선수금과 선수 수익은 '이미 돈을 받았으며, 누군가에게 물건을 인도하거나 서비스를 제공해야 하는 것 전부'다. 그리고 충당부채는 '아직 지급이 확정되지는 않았지만 앞으로 지급할 가능성이 매우 높은 것 전부'다.

이러한 것들을 확실히 집계했을 때 비로소 올바른 재무상태표가 완성되어 정확한 수지 계산이 가능해진다. 달리 말하면, 재무상태표는 회사가 앞으로 해야 할 일이 전부 망라되어 있는 '비망록'이라고 할 수 있다.

그런데 이 비망록을 정확하게 작성할 수 있는 사람은 누구일까?

회사 사람일까? 아니면 회계 지식이 있는 세무사나 회계사일까?

비망록은 당사자가 아니고서는 쓸 수 없다. 비망록에 들어가야 할 내용을 당사자가 전부 내놓지 않으면 당사자가 아닌 세무사나 회계사로서는 알 도리가 없다. 재무상태표에 얼마로 기재해야 할지 세무사나 회계사 등 전문가에게 상담할 수는 있지만, 비망록에 기재해야 할 자산이나 부채를 빠짐없이 목록에 싣고 빠진 것이 없는지 확인하는 것은 회사가 해야 할 일이다.

그리고 중소기업의 사장에게는 매일 이것을 확인해 자사의 경리가 제대로 기능하고 있는지, 올바른 재무상태표가 작성되어 결과적으로 이익이 정확하게 계산되고 있는지 확인하는 능력이 필요하다. 이것을 반드시 매달 실천하기 바란다.

check! : **재무상태표는 회사의 비망록이다.**

재무상태표가
올바른지
확인하는 방법

그러면 재무상태표가 올바른지 확인하는 방법을 알아보자. 먼저 왼쪽의 자산 변부터 확인하자.

유동 자산

① 현금과 예금

가장 위에는 현금과 예금이 있다.

예금은 통장 잔액과 재무상태표의 잔액을 직접 대조해 확인할 수 있다. 반드시 자신의 눈으로 직접 확인하기 바란다.

이것을 매달 사장이 직접 확인하면 경리 담당자가 부정의 길로 발을 잘못 내딛는 불행한 사태를 방지할 수 있다. 경리 담당자를 믿지 말라는 말이 아니다. 경리 담당자의 행복을 지켜주기 위해 해야 하는 일이다. 또 결산을 할 때 잔액 증명을 받는 회사도 있는데, 통장과 비교해보는 것으로 충분하다. 잔액 증명을 받기 위한 수고와 비용을 생각하면 굳이 잔액 증명을 받을 필요는 없다.

문제는 예금보다 현금이다. 현금은 직접 돈을 세는 수밖에 없다. 뒤에서 다시 이야기하겠지만, 가능하다면 소액 현금 등은 폐지해 돈을 세는 작업을 없애는 편이 좋다. 만약 현금을 남겨 놓는다면 경리 담당자가 아닌 누군가가 매일 잔액을 철저히 확인하는 시스템을 잊지 말고 만들도록 하자.

② 매출채권

다음은 매출채권이다. 매출채권은 어느 회사에 얼마가 남아 있는지 그 명세를 확인하자.

그 잔액은 남아 있어야 할 금액과 일치하는가?

비정상적으로 늘어나지는 않았는가?

회수가 벌써 끝났어야 하는 대금이 아직도 남아 있지는 않은가?

그 대금을 회수할 수 있는가?

이러한 점들을 모든 거래처에 대해 확인해야 한다. 이것을 매달 철

경리의 본질을 이해하라

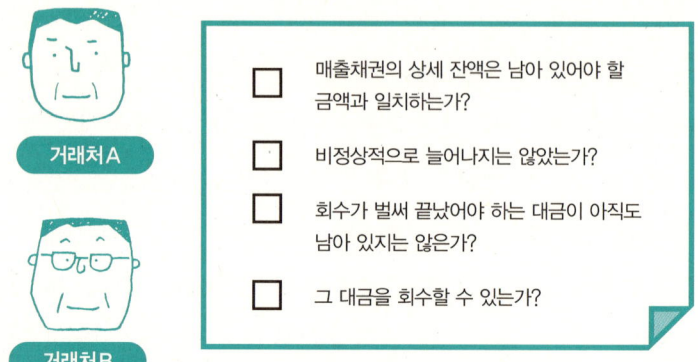

거래처A

거래처B

- ☐ 매출채권의 상세 잔액은 남아 있어야 할 금액과 일치하는가?
- ☐ 비정상적으로 늘어나지는 않았는가?
- ☐ 회수가 벌써 끝났어야 하는 대금이 아직도 남아 있지는 않은가?
- ☐ 그 대금을 회수할 수 있는가?

| 그림 3-14 | 매출채권이 어느 회사에 얼마나 남아 있는지 모든 거래처에 대해 명세를 확인할 것

저히 실천하는 것이 회수 누락을 막고 손실에 대해 미리 대책을 세울 수 있는 비결이다.

있을 수 없는 잔액이 있거나 있어야 할 잔액이 없다면 그것은 매출채권의 금액이 잘못되었다는 의미다. 즉 표시되어 있는 자산이 틀렸다는 말이며, 자산 변이 틀렸다는 말은 곧 자본 변의 금액이 틀렸다는 뜻이다. 자본 변의 금액이 틀렸다면 당연히 이익 금액에도 오차가 생긴다. 이 점을 명심하며 확인하기 바란다.

또한 앞에서도 말했지만, 매출채권으로 기재해야 할 금액은 '청구서를 발행한 것'만이 아니다. 설령 청구서를 발행하지 않았더라도 '돈을 받을 권리가 확정'되었다면 매출채권으로 기재해야 한다. 이 것은 모든 금융채권=돈을 지급 받을 권리에 대해 마찬가지라고 할

반드시 이익을 내는 사장의 현금 관리법

수 있다. 만약 청구서를 발행하지 않은 것은 매출채권으로 기재하지 않아도 된다면 청구서 발행 사무를 철저히 하는 회사와 사무가 매우 늦은 회사의 매출액이 사실은 같더라도 금액이 달라진다. 이래서는 문제가 있다고 생각하지 않는가? 청구서의 발행 유무는 상관없다는 점을 똑똑히 기억해두기 바란다.

③ 재고

다음은 재고다. 재고는 앞으로 팔아야 하는 것을 뜻한다. 상품뿐만 아니라 제작 중인 것이나 소프트웨어 개발에 들어가는 인건비와 외주비 등도 재고에 포함된다. 다만 재고는 평가가 정말 어려워서, 얼마로 평가해 재무상태표에 기재해야 할지 매우 고민이 되는 부분이다. 그러니 회계 사무소와 상담하면서 검토하기 바란다.

이나모리 가즈오(稲盛和夫) 씨가 쓴《이나모리 가즈오의 회계 경영》이라는 책이 있다. 꼭 한 번 읽어 볼 것을 권하는 정말 좋은 책인데, 재고를 재무상태표에 얼마로 기재해야 할지 고민한 이야기가 소개되어 있다. 재고를 얼마로 기재해야 하느냐에 대해서는 몇 가지 합법적인 방법이 있으므로 자신의 회사에 가장 적합한 방법을 선택할 필요가 있다. 그리고 사장은 금액은 물론이고 현재 재고의 상황이 어떤지, 모든 재고가 확실히 목록에 실려 있으며 실제로 존재하는지 확인하도록 하자. 이것도 사장이 해야 할 중요한 일이다.

경리의 본질을 이해하라

고정 자산

　이번에는 고정 자산이다. 지금 사용하고 있는 물건이며 앞으로도 사용할 것, 100만 원 이상인 자산이 전부 목록화되어 기재되어 있는가? 목록에 빠진 것이 있지는 않은가? 혹은 이미 버려서 지금은 없는데 아직도 목록에 실려 있는 것은 없는가?

　이런 점을 철저히 확인하자.

　이미 버렸는데 아직도 목록에 실려 있는 것이 있다면 그만큼 이익이 많이 계상되므로(즉 자산이 많이 계상되게 되므로) 내지 않아도 될 세금을 내게 된다.

무형 자산

　마지막은 무형 자산이다. 이것은 장기 선급 비용 등으로 표시될 때가 있는데, 이에 대해서도 일단 확인해두도록 하자. 이것은 앞에서도 말했듯이 진짜 재산은 아니므로 알기 힘들지도 모른다. 회계 사무소에서 설명을 잘 들어보기 바란다.

　그러면 재무상태표의 오른쪽에 있는 부채 변을 살펴보자.

부채

① 매입채무와 차입금 등의 금융채무

매입채무나 차입금 등의 금융채무는 돈을 지급해야 하는 의무를 가리킨다. 앞으로 지급해야 할 돈이 전부 기재되어 있는가? 이와 반대인 매출채권 등의 금융채권과 마찬가지로 청구서의 유무에 상관없이 기말 시점에 '지급 의무가 확정되었는가?'가 핵심이다.

② 선수금과 선수 수익

선수금이나 선수 수익처럼 '돈은 받았지만 앞으로 해야 하는 것'이 빠짐없이 계상되어 있는가? 이것도 확실히 파악해두기 바란다.

③ 충당부채

마지막은 충당부채이다. 이것은 어떻게 해야 할지 회계 사무소와 상담해 결정하기 바란다.

부채는 자산에 비해 확인이 간단하다. 이것도 사장 자신의 눈으로 하나하나 철저히 확인해 나가도록 하자.

그리고 여기까지 자산과 부채를 확인한 다음에는 손익계산서를 확인하자. 손익계산서에서 확인해야 할 것은 월간 변동표에 이상한 숫자가 없느냐다. 매달 기재되어 있어야 할 비용이 실려 있지 않은 경우는 없는가? 매달 있어야 할 비용이 너무 많거나 적지는 않은가? 혹은 어떤 과목의 값이 비정상적이지는 않은가? 그와 같은 비정상적인

경리의 본질을 이해하라

| 표 3-1 | 손익계산서 월간 변동표

	3월	4월	5월	6월	7월	
매출액	100,000	110,000	90,000	100,000		
매출 원가	30,000	40,000	30,000	20,000		
매출 총이익	70,000	70,000	60,000	80,000		
급여	10,000	10,000	0	20,000		
법정 복리비	1,000	1,000	0	2,000		
통신비	3,000	3,000	3,000	3,000		

이상한 숫자

값을 발견할 때 손익계산서의 월간 변동표가 매우 도움이 된다. 이런 자료를 활용하기 바란다.

이렇게 자산과 부채를 정확히 확인하고 매달 손익계산서를 확인할 때 비로소 사장의 경리 실력이 향상되며 회사의 경리 수준도 높아진다.

check! 재무상태표가 올바른지 확인하는 것은 경리의 핵심이다. 반드시 마스터하자.

세무사의 경리 실무 컨설팅

3

☑ **check!** 먼저 결산의 한계를 알자.

☑ **check!** 결산에 손익계산서는 필요 없다.

☑ **check!** 손익계산서는 어디까지나 설명 자료다.

☑ **check!** 유동 자산의 결산 규칙을 먼저 파악하자!

☑ **check!** 고정 자산과 무형 자산의 결산 규칙도 이해하자.

☑ **check!** 부채의 결산 규칙까지 이해하면 결산은 끝난 것이나 다름없다.

☑ **check!** 재무상태표는 회사의 비망록이다.

☑ **check!** 재무상태표가 올바른지 확인하는 것은 경리의 핵심이다. 반드시 마스터
하자.

---

4 장

경리의
핵심을
파악한다

사장이 **직접**
결정해야 하는
경리 규칙

지금까지 경리의 본질은 올바른 재무상태표라는 이야기를 했다. 이는 재무상태표를 효율적으로 작성하는 것이 경리 업무의 효율화로 이어지며 결과적으로 회사의 숫자를 경영에 활용할 수 있게 된다는 뜻이다.

그래서 사장들에게 부탁하고 싶은 것이 있다.

다음 사항들을 꼭 실행하기 바란다. 이것을 실행하면 경리 업무를 효율적으로 할 수 있고, 살아 있는 숫자를 집계할 수 있다. 경리에 관

| 그림 4-1 |

효율적인 경리를 위해 실천해야 할 경리 규칙

☐ 매출과 매입과 급여의 마감일을 통일한다

☐ 소액 현금을 폐지한다

☐ 월말이 휴일이면 다음 달 첫째 날을 월말로 간주한다

☐ 감가상각비와 상여금은 매달 정액을 계상한다

☐ 재고 조사도 매달 일정한 규칙에 따라 실시한다

☐ 계정 과목을 회계 사무소에 묻지 않는다

한 기술적인 이야기가 다소 있어 이해하기 힘들지도 모르지만, 경리 담당자나 회계 사무소와 상담해 실행해보기 바란다. 그러면 지금부터 설명을 시작하겠다.

---

check! | 경리의 효율화를 위한 '경리 규칙'의 핵심을 확실히 파악하자.

마감일을
통일한다

매출과 매입의 마감일은 물론 급여의 마감일도 통일하자. 마감일
이 통일되지 않으면 매달 재무상태표에 정확한 금액을 기재하기 위
해 상당한 수고를 해야 한다.

흔히 볼 수 있는 패턴으로, 매출과 매입은 월말에 마감하지만 급여
는 10일 마감에 25일 지급인 경우가 있다. 급여가 고정이면 그래도
그다지 문제는 없지만, 잔업을 하거나 파트 타이머나 아르바이트가
있으면 매달 급여 금액이 달라진다. 특히 음식점이나 소매업의 경우

는 월간 영업일수에 따라 파트 타이머와 아르바이트의 인건비가 달라진다.

이 급여를 정확히 재무상태표에 기재하려 하면 이렇게 된다.

월말 마감일 경우 ·

1개월의 급여를 계산해 월말의 재무상태표에 미지급 비용으로 계상한다(앞으로 지급해야 하는 것이기 때문이다). 급여를 지급하면 미지급 비용에서 지급 처리를 한다.

→ 결과적으로 그 달의 급여가 정확히 재무상태표에 기재된다.

10일 마감일 경우

11일부터 월말까지의 급여를 일단 집계한다. 그 금액을 월말의 재무상태표에 미지급 비용으로 계상한다. 급여를 지급할 때는 미리 1개월분의 급여를 계산한 다음, 11일부터 월말까지의 분량은 미지급 비용에서 지급하는 형태로 하고 월초부터 10일까지의 분량은 급여로 처리한다.

→ 결과적으로 그 달의 급여가 정확히 재무상태표에 기재된다.

양쪽 모두 결과는 같지만 과정이 완전히 다름을 알 수 있을 것이다. 따라서 10일 마감인 회사에서는 대체로 이런 번거로운 작업을 하지 않고 급여를 지급했을 때 비용으로 계상하며 결산을 할 때만 번거

반드시 이익을 내는 사장의 현금 관리법

| 그림 4-2 |

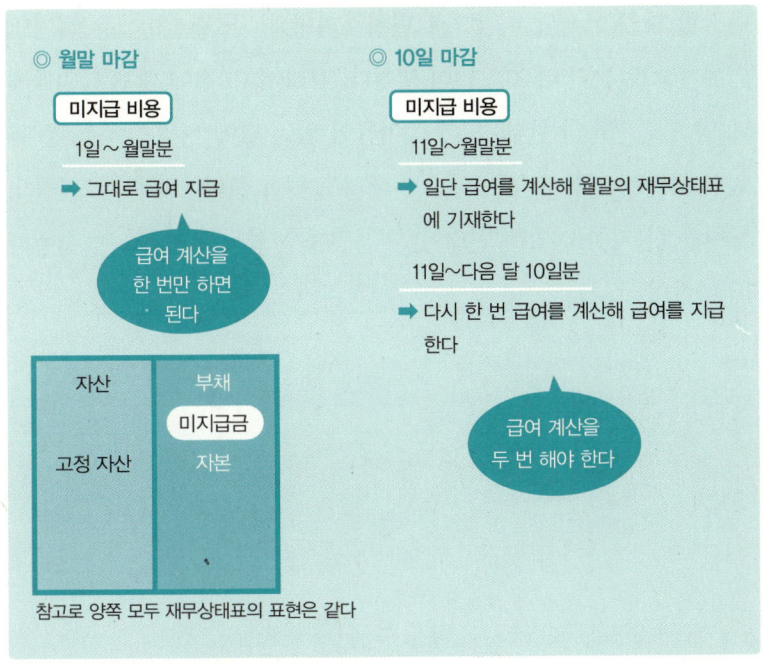

◎ 월말 마감

미지급 비용

1일~월말분

➡ 그대로 급여 지급

급여 계산을 한 번만 하면 된다

자산	부채
	미지급금
고정 자산	자본

◎ 10일 마감

미지급 비용

11일~월말분

➡ 일단 급여를 계산해 월말의 재무상태표에 기재한다

11일~다음 달 10일분

➡ 다시 한 번 급여를 계산해 급여를 지급한다

급여 계산을 두 번 해야 한다

참고로 양쪽 모두 재무상태표의 표현은 같다

로운 처리를 하고 있을 것이다. 경우에 따라서는 결산을 할 때도 번거로운 처리를 하지 않을지 모른다. 그러나 그렇게 하면 가령 2월의 결산에 31일분인 1월의 급여가 실리게 된다. 영업일수에 따라 매출이 변동하는 회사는 28일분의 매출에 31일분의 급여가 기재되기 때문에 수지가 올바르지 않게 된다. 이와 같은 일이 일어나는 이유는 마감일을 통일할 때의 장점과 사무 처리 부담에 대한 사장의 이해가 부족해 효율화를 꾀하지 않기 때문이다.

특히 급여 마감일을 변경하려면 사장의 리더십이 필요하다. 10일 마감인 회사가 월말 마감으로 변경하려면 단 한 달뿐이기는 하지만 급여가 20일분만 나오는 달이 생긴다. 따라서 이 점에 대해 직원들에게 양해를 구해야 한다. 또한 상여금이 있는 달에 변경을 하는 등 직원의 생활에 지장을 주지 않도록 배려도 해야 한다. 그러나 그만큼의 노력을 할 가치가 있는 변경이다. 직원들을 설득해서라도 꼭 실행하기 바란다.

check! | 마감일을 통일할 때의 번거로움은 일시적이다. 체계를 바꿀 만큼의 가치가 있다.

감가상각비와
상여금의 예상액을
매달 계상한다

감가상각비, 즉 재무상태표에 기재하는 고정 자산의 금액을 이번 기에 얼마나 줄일지 그 연간 예상액을 연초에 계산할 수 있다. 이 금액이 적으면 그다지 문제가 되지 않지만, 자동차가 있는 것만으로도 금액이 커질 수 있다.

기초(期初)에 1년 간의 감가상각비 예상액을 회계 사무소에 의뢰해 계산하고 그것을 12로 나눠 매달 꼬박꼬박 계상하도록 하자. 예를 들어 1년 동안의 감가상각비 예상액이 120만 원이라면 매달 10만 원

경리의 핵심을 파악한다

| 그림 4-3 |

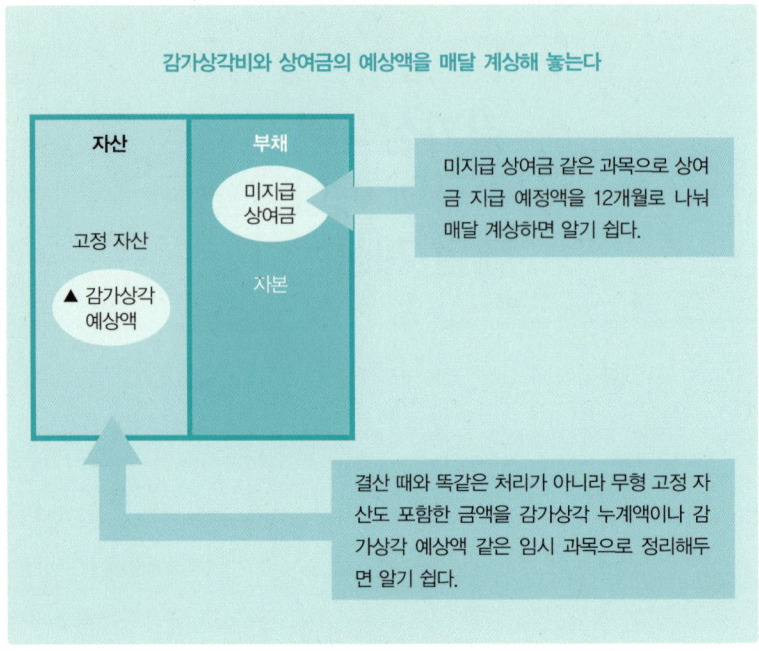

감가상각비와 상여금의 예상액을 매달 계상해 놓는다

자산

고정 자산

▲ 감가상각
   예상액

부채

미지급
상여금

자본

미지급 상여금 같은 과목으로 상여금 지급 예정액을 12개월로 나눠 매달 계상하면 알기 쉽다.

결산 때와 똑같은 처리가 아니라 무형 고정 자산도 포함한 금액을 감가상각 누계액이나 감가상각 예상액 같은 임시 과목으로 정리해두면 알기 쉽다.

씩 계상하는 것이다. 이렇게 하면 '기말에 한꺼번에 감가상각비를 계상했더니 예상보다 이익이 더 줄어들었다'는 상황을 방지할 수 있다. 설비 투자가 많은 회사는 가능하다면 매달 감가상각비를 다시 계상하는 편이 좋지만, 처음에는 1년 간의 예상액을 12로 나눠서 계상하는 것부터 시작하자.

또 예상액으로 계상했음을 되도록 알기 쉽게 재무상태표에 나타내는 편이 좋다. 구체적으로는 결산 때와 똑같은 처리가 아니라 무형 고정 자산까지 포함한 금액을 감가상각 누계액이나 감가상각 예상액 같은 임시 과목으로 정리해 놓으면 알기 쉬워진다.

　상여금도 마찬가지다. 어느 정도 지급 예정이 있으면 이것도 12로 나눠서 매달 계상해 나가자. 가령 1월부터 6월까지의 보너스를 7월에 지급하는 회사의 7월 보너스 지급 예정액이 600만 원이라면 1월부터 6월까지 매달 100만 원을 상여금 예상액으로 계상해 놓는 것이다. '올해는 이만큼 보너스를 주도록 하자'라는 사장의 목표라도 상관없다. 이것을 매달 꾸준히 계상하면 수지 전망을 하기도 쉬워진다. 이것도 알기 쉽도록 '미지급 상여' 같은 과목으로 정리해두면 좋다.

check!　감가상각비와 상여금의 예상액을 매달 계상하면 예상보다 이익이 감소하는 상황을 방지할 수 있다.

경리의 핵심을 파악한다

매달
재고 조사를
한다

이것은 앞에서 부탁한 마감일을 통일하는 것과 같은 의미다. 재고가 얼마나 있느냐에 따라 재무상태표의 모습이 달라지므로 재무상태표에 최대한 정확하게 재고 상황을 기재해야 한다. 물론 금액이 적으면 그리 신경을 쓰지 않아도 되지만, 금액이 커지면 수지가 크게 달라질 수 있다. 상품 재고를 많이 안고 있는 회사에서는 재고 조사 방법과 기간에 대해 잘 생각해 매달 최대한 정확한 수치를 산출할 수 있도록 하자.

또 재고는 없지만 재공품(완제품이 되기 전 중간 상태)이 있는 경우가 있다. 시스템 개발이나 도급으로 무엇인가를 만들 경우, 그리고 공사 등의 경우에는 경비가 먼저 나가고 그에 대응하는 매출이 그 달에 계상되지 않을 때가 종종 있다. 이럴 때는 지출한 경비에 직접 대응하는 매출이 계상되느냐 되지 않느냐에 따라 재공품으로 할지 검토하는 편이 좋다. 그에 따라 회사의 수지가 크게 달라진다.

재고나 재공에 대해서는 회계 사무소와 상담해서 집계 방법을 어떻게 할지 검토하자.

---

check! 재고는 최대한 정확히 재무상태표에 기재하도록 하자.

월말이 휴일일 때는
다음 달 첫째 날을
월말로 간주한다

월말이 주말이나 공휴일 등 은행이 영업을 하지 않는 날일 경우가 있다. 그럴 때 경리 담당자들은 그 전날을 월말로 처리하는 경향이 있다. 그러나 그렇게 하면 월말에 자동으로 인출되는 비용 등이 다음 달로 처리되기 때문에 어떤 달에는 계상되지 않고 그 다음 달에는 2개월분이 한꺼번에 계상되는 모양새가 되어 버린다. 또 거래처의 입금도 당월에 입금되지 않고 다음 달에 2개월분이 입금되는 형태가 될 수 있다.

이래서는 곤란하다.

그러므로 월말이 은행 휴업일일 때는 다음 달 첫째 날을 월말로 간주하고 경리 처리를 하자. 가령 10월 31일이 일요일이라면 11월 1일 월요일을 10월말로 간주하고 처리하는 것이다. 이렇게 하면 월말의 자동 인출이나 거래처의 입금 모두 통상적인 달과 다름없이 처리해도 월말의 수지와 똑같은 올바른 숫자가 계상된다.

반대로 이렇게 하지 않으면 월말이 휴일이라는 이유만으로 미지급 처리가 늘어난다. 또 그렇게 하라고 지도하는 회계 사무소도 있지만, 내가 추천하는 방법으로 바꾸기 바란다. 결과는 똑같으므로 아무런 문제도 없다.

다만 결산월일 때만큼은 주의하기 바란다.

check! | 월말이 휴일이어도 평소와 똑같이 처리하면 문제가 없도록 시스템을 만들자.

계정 과목을
회계 사무소에
물어보지 않는다

앞에서도 이야기했지만, 손익계산서는 주주인 사장에 대한 설명 자료로 만드는 것이다. 회계 사무소나 세무서를 위해 만드는 것이 아니다. 회계 사무소에 계정 과목을 물어본들, 그들은 부기 시험에 합격하기 위한 답안은 가지고 있을지 몰라도 사장인 당신에게 어떻게 설명을 해야 할지는 알지 못한다. '경비로 처리되는가, 아닌가?'의 판단은 회계 사무소에 물어봐도 좋다. 다만, 경비로 처리된다면 무슨 비용으로 처리하든 상관없다. 너무 엉뚱한 과목이라면 분명히 문제가 있다. 하지만 설마 급여를 소모품으로 처리할 리는 없을 것이다.

사장 자신이 이해하기 쉽도록 집계 방법을 직접 지시하기 바란다. 그것이 도움이 되는 손익계산서를 만들기 위한 첫걸음이다. 또한 계속 바꾸면서 발전시키는 것도 좋다. 회사는 하루가 다르게 변화한다. 한때는 필요한 정보였지만 지금은 필요가 없어진 것이나 실행해봤지만 별로였던 것도 있을 것이다. 그런 것은 점점 바꿔서 손익계산서를 진화시켜 나가자.

참고로 세무 조사에서 손익계산서의 과목을 문제시하는 일은 거의 없다(문제가 되는 것은 감가상각비를 감가상각비로 처리하지 않은 경우나 임원 보수를 고의로 외주비 등의 다른 과목으로 처리하는 경우 등 특수한 경우로 제한된다).

check! ⋮ 계정 과목은 사장이 판단해 결정하자.

소액 현금을
폐지한다

대부분의 회사는 일상의 사소한 지출을 위해 소액 현금을 사용하는 경우가 많은데 이것을 폐지하는 것이다. 다만 소액 현금을 폐지할 경우 반드시 직원들의 불만이 터져 나온다. 소액 현금을 폐지하면 직원의 대납 비용이 늘어나기 때문이다. 그러나 경리 담당자에게 현금 관리만큼 번잡한 일은 없다. 어째서인지 현금은 잘 세어 놓지 않으면 맞지 않는 일이 많기 때문이다. 직원들에게는 양해를 구하고 경비를 임시로 대신 지불하게 하자. 그리고 선지급한 경비를 월말에 집계해 경비 담당자에게 보고하게 한 후, 그 경비를 급여와 함께 직원의 계좌에 입금한다. 이렇게 하면 현금 관리의 수고가 줄어들고 매일 현금 정산 처리를 하지 않아도 되므로 경리 담당자도 시간이 생긴다. 또 직원도 대납 비용이 늘어나지 않도록 경비 절약에 신경을 쓰게 된다. 출장 등을 가게 되어 일시적으로 많은 현금이 필요할 때는 직원의 계좌에 미리 일정액을 입금해주고 나중에 정산하면 된다.

소액 현금은 사소한 업무지만 많은 시간과 수고가 들어간다. 이런 업무를 생략함으로써 사무 처리를 효율적으로 바꿀 수 있다.

---

check! ┊ 소액 경비는 임시로 직원들이 대신 지불하도록 양해를 구하자.

다음 달 **10일**까지
기말 결산을 하는
시스템을 만든다

지금까지 이야기한 내용을 실행하면 다음 달 10일까지 기말 결산 자료를 만들 수 있게 된다.

재무상태표를 얼마나 효율적으로 작성하는가? 이것이 경리 작업을 효율화하기 위한 키워드다.

- 매출과 매입과 급여의 마감일을 통일한다.
- 소액 현금을 폐지한다.

- 월말이 휴일이면 다음 달 첫째 날을 월말로 간주한다.
- 감가상각비와 상여금은 매달 정액을 계상한다.
- 재고 조사도 매달 일정한 규칙에 따라 실시한다.

이것만 실천해도 경리 처리는 훨씬 간단해진다. 남은 것은 매출과 매입, 재고 조사를 얼마나 빠르게 마감할 수 있느냐다. 특히 매입은 거래처에 협력을 요청해 최대한 빨리 월말 마감 청구서를 발행받도록 하자. 매출은 자사의 노력으로 빠르게 마감할 수 있도록 하자. 재무상태표를 얼마나 효율적으로 작성하느냐는 재무상태표에 기재해야 할 금액이 무엇인지 한눈에 알 수 있는 자료를 얼마나 갖출 수 있느냐에 달려 있다. 매입처에서 발행하는 청구서가 월말 마감이라면 그대로 매입채무에 계상하면 된다. 자사의 매출이 월말 마감이라면 청구서의 금액을 그대로 매출채권에 기재하면 된다. 급여가 월말 마감이라면 급여 계산한 합계액을 그대로 미지급 경비에 기재하면 된다. 이렇게 생각하면 간단하지 않은가?

그리고 이와 같은 시스템을 만드는 일이 중요하다. 경리 담당자에게 지시하고 다른 직원들이 협력하도록 지원해야 한다. 이것이 사장이 해야 할 일이다. 경리 담당자 혼자서는 아무리 애를 써도 한계가 있다. 사장의 이해와 회사 안팎의 관계자들과 합의가 되었을 때 비로소 실현할 수 있다.

이러한 것들을 실행해 나가면 회사의 경리는 훨씬 효율화되며 작업이 빨라진다. 그리고 매달 정확한 마감 작업이 실시되므로 결산을 할 때도 따로 특수한 작업을 할 필요가 없이 보통 때와 똑같이 하면 된다. 결과적으로 결산도 빠르게 끝나며, 전기(前期)의 숫자를 정확히 파악한 상태에서 다음 기에 돌입할 수 있다.

지금은 대기업도 결산을 10일이나 20일에 발표하는 시대다. 규모가 작은 중소기업이 결산을 10일까지 끝내지 못할 리가 없다. 그 시스템만 만들어 놓으면 반드시 실현할 수 있으며, 그다지 어려운 일도 아니다.

최종 목표는 기말 결산을 10일까지 완성시키는 것이다.

check! 경리 처리와 결산을 빠르게 끝낼 수 있는 시스템을 만들자.

반드시 이익을 내는 사장의 현금 관리법

세무사의 경리 실무 컨설팅

☑ **check!** 경리의 효율화를 위한 '경리 규칙'의 핵심을 확실히 파악하자.

☑ **check!** 마감일을 통일할 때의 번거로움은 일시적이다. 체계를 바꿀 만큼의 가치가 있다.

☑ **check!** 감가상각비와 상여금의 예상액을 매달 계상하면 예상보다 이익이 감소하는 상황을 방지할 수 있다.

☑ **check!** 재고는 최대한 정확히 재무상태표에 기재하도록 하자.

☑ **check!** 월말이 휴일이어도 평소와 똑같이 처리하면 문제가 없도록 시스템을 만들자.

☑ **check!** 계정 과목은 사장이 판단해 결정하자.

☑ **check!** 소액 경비는 임시로 직원들이 대신 지불하도록 양해를 구하자.

☑ **check!** 경리 처리와 결산을 빠르게 끝낼 수 있는 시스템을 만들자.

5장

믿을 수 있는 것은
현금뿐이다

현금 흐름을 아는
사장이
경영을 잘한다

자, 그러면 앞장에서 이야기한 올바른 재무상태표를 매달 만들 수 있게 되었다고 가정하자. 다음에 사장이 해야 할 일은 현금의 흐름을 정확히 파악하는 것이다. 앞에서도 이야기했듯이, 결산은 어차피 '가계산'일 수밖에 없다. 상당 부분이 '가정형'인 것이다. 매출채권도 앞으로 회수해야 하는 돈이며, 상당히 높은 확률로 회수할 수 있기는 하지만 100퍼센트 확실하게 회수할 수 있다고는 장담할 수 없다. 어쩌면 회수하지 못할지도 모른다. 매출채권은 외상으로 물건을

믿을 수 있는 것은 현금뿐이다

판 것이다. 말하자면 남에게 돈을 빌려 준 것과 같은 의미다. 회수에 성공해야 비로소 안심할 수 있는 것이다.

그런 의미에서 생각할 때, 재무상태표에 기재되어 있는 것 중 신용할 수 있는 것은 현금과 예금뿐이다. 나머지는 앞에서도 말했듯이 지금부터 해야만 하는 것들이다. 그리고 회사라는 존재는 현금만 있으면 아무리 적자를 내더라도 망하지 않는다. 반대로 아무리 흑자를 내도 현금이 없으면 도산한다. 그러므로 사장은 회사의 자금 흐름을 정확히 파악하고 있어야 한다.

그리고 자금의 흐름을 파악하는 데 필요한 문서는, '현금흐름표'다. 현금흐름표는 돈이 어떤 경위로 늘어났거나 줄었는지 설명하는 자료다. 손익계산서가 이익의 출처를 설명하는 자료라면 현금흐름표는 현금의 증감 이유를 설명하는 자료다.

이 현금흐름표는 회계 사무소에 의뢰하면 작성해준다.

그렇지만.

이것만큼은 사장이 직접 작성하기 바란다.

나는 현금흐름표를 본인이 직접 작성할 줄 아는 것이 사장에게 필요한 유일한 경영 분석 기술이라고 생각한다.

회사를 경영할 때 가장 중요한 능력은 무엇일까? 바로 자금 조달 능력이다. 그리고 자금을 조달하는 방법에는 여러 가지가 있다. 자금 조달의 왕도는 이익을 올려 현금을 늘리는 방법이다. 때로는 은행 등에서 돈을 빌리는 방법도 있다. 또한 받지 못했던 매출채권을 회수해도 현금이 늘어나며, 자본금을 증가시켜도 현금이 늘어난다. 거래처

반드시 이익을 내는 사장의 현금 관리법

에 부탁해 대금 지급을 일시적으로 늦춰서 지금까지 1개월분이었던 매입채무를 2개월분으로 늘려도 현금은 늘어난다. 매입채무는 거래처에 지는 빚이므로 매입채무가 늘어난다는 말은 곧 빚을 늘린다는 의미다. 그런 방법으로도 현금은 증가한다.

한편 자금이 줄어드는 이유는 그 반대다. 이익이 나지 않고 손실을 보면 현금은 줄어든다. 매출채권이 늘어나도 현금은 줄어든다. 은행에서 돈을 빌리지 못하고 갚기만 하면 현금이 줄어든다. 자본금을 환급하면 현금이 줄어든다. 거래처에 주지 않았던 매입채무를 지급하면 현금은 줄어들며, 설비 투자를 해도 현금이 줄어든다.

이와 같은 항목별로 분석해 전월말에 비해 왜 현금이 늘어났는지, 혹은 줄어들었는지 확실히 파악하기 바란다. 이익과 현금의 흐름은 동일하지 않다. 이 현금의 흐름을 파악할 수 있는 사장과 파악하지 못하는 사장은 경영 능력에 결정적인 차이가 있다고 할 수 있다.

참고로 나는 고객이나 여러 회사의 경리 서류를 볼 때 반드시 재무상태표부터 본다. 그리고 그 잔액을 확인해 어느 정도 숫자가 맞는지 확인한 다음 머릿속에서 현금 흐름을 계산한다.

이 회사의 현·예금이 늘어난 이유는 무엇일까?

적자인데 돈이 늘어난 이유는 무엇일까?

아하, 이것이 돈이 됐구나. 이 재원(財源)은 언제까지 버틸 수 있을까?

이것이 없어지면 이 회사의 자금 사정은 어떻게 될까?

이런 것을 시뮬레이션 한다.

믿을 수 있는 것은 현금뿐이다

| 표 5-1 |

현금흐름표

I. 영업 활동에 따른 현금 흐름

법인세 차감 전 당기 순이익	××××
감가상각비	××××
대손 충당부채 증가액	××××
수취 이자와 수취 배당금	-××××
지급 이자	××××
유형 고정 자산 매각익	-××××
매출채권 증가액	-××××
재고 자산 감소액	××××
매입채무 감소액	-××××
소계	××××
이자와 배당금 수취액	××××
이자 지급액	-××××
법인세 등 지급액	-××××
영업 활동에 따른 현금 흐름	**××××**

II 투자 활동에 따른 현금 흐름

유가 증권의 취득에 따른 지출	-××××
유가 증권의 매각에 따른 수입	××××
유형 고정 자산의 취득에 따른 지출	-××××
유형 고정 자산의 매각에 따른 수입	××××
투자 유가 증권의 취득에 따른 지출	-××××
투자 유가 증권의 매각에 따른 수입	××××
대부에 따른 지출	-××××
대부금의 회수에 따른 수입	××××
투자 활동에 따른 현금 흐름	**××××**

III 재무 활동에 따른 현금 흐름

단기 차입에 따른 수입	××××
단기 차입금의 상환에 따른 지출	-××××
장기 차입에 따른 수입	××××
장기 차입금의 상환에 따른 지출	-××××
회사채 발행에 따른 수입	××××
회사채 상환에 따른 지출	-××××
주식 발행에 따른 수입	××××
자기 주식의 취득에 따른 지출	-××××
모회사에 따른 배당금 지급액	-××××
재무 활동에 따른 현금 흐름	**××××**

IV 현금과 현금 동등물의 증가액   ××××

V 현금과 현금 동등물의 기초 잔액   ××××

VII 현금과 현금 동등물의 기말 잔액   ××××

물론 처음부터 현금흐름표를 만들 수 있는 사장은 없다. 그러나 현금흐름표를 만드는 데 부기 지식은 하나도 필요 없다. 덧셈과 뺄셈만 할 줄 알면 된다. 매달 결산이 완료되면 직접 현금 흐름을 분석하는 습관을 갖자. 이익이 나고 있어도 자금이 바닥나면 회사는 망한다. 손실이 나도 자금이 있으면 망하지 않는다. 어딘가에서 자금의 흐름에 문제가 있지는 않은지, 혹은 좋은 흐름이 지속되고 있는지 철저히 파악하도록 하자.

check! 자금의 흐름을 파악하기 위해 현금흐름표는 사장이 직접 만들자.

믿을 수 있는 것은 현금뿐이다

회사의 목적은
오직
이것뿐이다

나는 고객 회사에 이렇게 말한다.

"이익보다 매달의 현·예금 잔액에 주목하십시오. 그리고 현·예금이 전달보다 늘어나도록 경영을 해보시기 바랍니다."

내가 생각하는 중소기업의 경영 목적은 단순히 이익을 올리는 것이 아니라 현·예금을 늘리는 것이다. 앞에서도 말했지만, 회사의 결산은 어차피 가계산이며 '믿을 수 있는 것은 현금뿐'이기 때문이다. 그리고 현·예금을 늘리는 수단 중 하나로 '이익을 올리는 방법'이 있는 것이다.

현금을 늘리기 위해서라면 예를 들어 차입금을 늘려도 괜찮다. 만약 매달 차입금을 계속 늘려 나갈 수 있다면 그래도 무방할 것이다. 회사는 절대 망하지 않는다. 그러나 현실적으로 차입금을 계속 늘리는 데는 무리가 있다. 그리고 돈을 빌렸으면 갚아야 한다. 상환을 시작하면 현금이 줄어든다. 이에 따른 현금 감소를 견딜 수 있을 만큼의 이익 등 자금 출처를 찾아낼 수 있는가? 상환해야 할 차입금보다 많은 이익을 올릴 수 있다면 계속 돈을 빌려도 괜찮다. 돈을 빌리지 않으면 자금이 바닥나는 상황일 때도 대출을 받을 수 있다면 계속 빌려도 된다. 사장이 할 일은 어떤 형태로든 현금을 늘리는 것이다.

다만 돈을 빌리면 언젠가는 갚아야 하며, 중소기업의 대출에는 반드시라고 해도 좋을 만큼 사장의 개인 보증이 필요하다. 즉, 사장은 자신의 전 재산을 걸고 경영을 해야 하는 것이다. 그 중압감은 매우 크다. 그러므로 그 중압감에 짓눌리지 않도록, 대출에 중압감을 느끼는 사장은 차입금을 많이 늘리지 않는 편이 좋다.

check! 회사의 목적은 이익을 올리는 것이 아니라 현·예금을 늘리는 것이다.

믿을 수 있는 것은 현금뿐이다

돈 새는
구멍을
먼저 막는다

　요즘 같은 불경기에는 매달 현금이 줄어들고 있는 회사도 많다. 그럴 때는 일단 현금 감소만큼은 어떻게든 막기 바란다. 현금흐름표를 만들 수 있게 되면 현금의 흐름을 파악할 수 있다. 어디에 구멍이 뚫려 있는지 찾아내 그 구멍을 먼저 막아야 한다.

　현금을 볼 때 중요한 것은 금액의 많고 적음이 아니라 흐름이다. 돈의 흐름이 유출되는 방향이면 돈은 점점 빠져나간다. 그 많던 돈이 눈 깜짝할 사이에 사라져 버리는 일도 흔하다. 반대로 조금이라도 좋으니 돈이 쌓이는 방향으로 흐르면 돈은 점점 불어난다. 그리고 그 좋은 흐름을 현금흐름표로 설명할 수 있으면 은행과 협상하기도 쉬워진다. 경리를 이해하고 있는 은행원은 그리 많지 않으므로 현금 흐름과 수지 전망을 당당하게 제시할 수 있으면 상환 조건의 변경 같은 협상도 가능해진다. 은행원도 회사원이고 사람이다. 자신이 담당하는 회사의 사장에게 미움을 사고 싶은 마음은 없다. 또한 자신이 담당하는 회사를 요주의 거래처로 만들고 싶어 하지도 않는다. 나아가 자신이 담당하는 회사가 대출금을 상환하지 못하게 되어 손해를 보는 일은 피하고 싶어 한다. 확실히 상환을 받을 수 있고 이자도 얻을 수 있다면 협상에도 긍정적인 자세로 임해준다.

| 그림 5-1 |
사장과 일개 직원은 짊어진 짐의 무게가 다르다.
은행과의 협상도 당당하게 극복하자.

믿을 수 있는 것은 현금뿐이다

그러나 자금 상황이 여의치 못할 때는 은행과 원만하게 협상하기가 힘들기 마련이다. 흔히 볼 수 있는 사례로는 흑자를 내고는 있지만 차입금을 상환하면 자금이 줄어드는 경우가 있다. 이럴 때는 자금이 쌓일 수 있도록 은행과 협상해서 상환 계획을 변경하자. 손익이 적자일 때는 어떻게 해야 흑자가 될지 곰곰이 생각해 흑자로 전환시킬 수지 계획을 세운 다음, 그 후의 현금흐름표도 예측해 현금 흐름이 흑자가 되도록 계획을 작성하자. 이럴 때야말로 회계 사무소와 협력해야 한다. 숫자를 만드는 것은 회계 사무소의 전문 분야지만, 실행의 주체는 어디까지나 회사다. 사장이 나서서 계획을 세워야 한다.

그리고 사장은 현금 흐름을 머릿속에 확실하게 기억한 후 은행과 협상하자. 현금 흐름이 머릿속에 들어 있으면 사장과 일개 직원은 짊어진 짐의 무게가 다르기 때문에 반드시 이길 수 있다.

check! | **돈이 새는 구멍을 찾아내 막자.**

반드시 이익을 내는 사장의 현금 관리법

경영 계획을
작성한다

경영 계획(예산)을 작성하고 있는 중소기업은 거의 없다. '경영 계획을 작성한다'고 하면 왠지 딱딱한 느낌이 들기도 한다. 그러나 나는 계획을 세울 때 사장에게 이렇게 말한다. "가슴이 두근거릴 만한 계획을 만듭시다. 싱글벙글 즐거운 표정으로 숫자를 이리저리 짜 맞추며 계획을 만든다고 생각해보십시오. 신나지 않습니까?" 새로운 상품을 판매하거나 새로운 방법을 사용함으로써 어떤 효과가 나타날지, 얼마나 이익이 생길지 계획하는 것은 매우 즐거운 일이다.

믿을 수 있는 것은 현금뿐이다

수지 계획은 엑셀을 사용하면 비교적 쉽게 만들 수 있다. 회계 사무소와 상담하면서 만들어보자. 다만 자금 조달까지 포함한 계획을 만들려고 하면 다소 노력이 필요하다. 시중에는 수지 계획뿐만 아니라 자금 조달까지 포함한 경영 계획을 작성할 수 있게 해주는 소프트웨어도 있다.

자금 조달까지 시뮬레이션을 해보면 회사의 경영에 대한 불안감이 사라진다. 자금이 바닥나기 전에 대출 등의 조치를 취할 수 있다. 은행도 이른 시점에 대출 신청이 들어오면 '이 회사는 경영이 튼실하구나'라는 인상을 받기 때문에 대출도 원활하게 진행될 것이다.

check! ： 자금 조달까지 시뮬레이션을 해놓으면 불안감이 사라진다.

반드시 이익을 내는 사장의 현금 관리법

더 **나은**
자금 흐름을
만들려면

그런데 자금의 흐름이 좋아지고 수지도 흑자가 되었다면 더는 할 일이 없는 것일까? 물론 아니다. 자금 흐름을 좀 더 좋게 만들어 나가자.

이를 위해서는 무엇을 해야 할까?

최대한 고객이 '선불'을 하도록 유도하자. 예를 들어 상품권을 사게 하거나 회원이 되어 월회비를 내게 하고 그 회비로 회사의 상품이나 서비스를 구입할 수 있게 하자. 선불 시스템을 도입하면 현금의 흐름이 훨씬 좋아질 뿐만 아니라 고객의 고정화도 꾀할 수 있다. 이런 좋은 방법을 도입하지 않을 이유가 어디 있는가?

그러나 대부분의 회사는 여기까지는 하지 않는다. 비즈니스 안정의 비결은 '정기 정액 선불'이다. 어떤 업종이든 잘 궁리하면 이 시스템을 도입할 수 있다. 케이크 가게도 회원을 모집해 매달 그 계절의 신선한 재료로 만든 케이크를 제공하면 된다. 청과물 가게도 회원에게 정기적으로 신선한 채소를 배달하는 '채소 택배'를 만들면 된다.

앞으로는 이런 궁리를 할 수 있는 회사가 살아남을 것이다.

---

check! | 자금을 안정시키는 비결은 '정기 정액 선불'이다.

현금의 **여유**가
경영의 여유

중소기업의 경영자는 대체로 자금 조달의 압박에 시달린다. 자금 조달의 고통에서 해방되고 나아가 직원의 고용을 보호하며 경영을 안정시키려면 역시 현금을 보유하는 방법밖에 없다. 현금이 있으면 어느 정도의 적자는 견딜 수 있다. 절세를 할 수도 있다. 설비 투자도 할 수 있다. 신제품의 개발도 가능하다.

자신의 회사에 한 달 동안 필요한 운전 자금이 얼마인지 파악하고 있는가?

믿을 수 있는 것은 현금뿐이다

| 그림 5-2 |

실제로 계산해보자!

한 달 동안 필요한 운전 자금 =
1개월분의 경비 + 차입금 상환 원금 + 납세 자금

법인세와
부가가치세
등

반년분의 운전 자금을 보유한다는 목표를 세우자!

경비뿐만 아니라 차입금의 상환도 아울러 생각해야 한다.

참고로 한 달에 필요한 운전 자금은 보통 1개월분의 경비＋차입금 상환 원금＋납세 자금(법인세와 부가가치세 등)으로 계산할 수 있다. 납세 자금을 간과하기 쉬우니 주의하기 바란다.

그리고 가능하다면 반년분의 운전 자금을 현금으로 보유하도록 하자. 먼저 이것을 목표로 삼기 바란다. 쉬운 일은 아니지만, 항상 전월 말보다 금월말에 현금이 더 늘어나도록 노력하면 반드시 달성할 수 있을 것이다. 이를 위해 어떻게 해야 할지 생각해 실행해 나가도록 하자.

check! : 반년분의 운전 자금을 현금으로 보유한다는 목표를 세운다.

☑ **check!** 자금의 흐름을 파악하기 위해 현금흐름표는 사장이 직접 만들자.

☑ **check!** 회사의 목적은 이익을 올리는 것이 아니라 현·예금을 늘리는 것이다.

☑ **check!** 돈이 새는 구멍을 찾아내 막자.

☑ **check!** 자금 조달까지 시뮬레이션을 해놓으면 불안감이 사라진다.

☑ **check!** 자금을 안정시키는 비결은 '정기 정액 선불'이다.

☑ **check!** 반년분의 운전 자금을 현금으로 보유한다는 목표를 세운다.

6장

절세는
사장이
직접 하라

절세를
회계 사무소에
맡기지 마라

이제 회사의 이익을 매달 정확히 계산할 수 있는 체제가 갖춰졌다. 남은 것은 결산에서 이익이 났을 때 세금 대책을 어떻게 세우느냐다.

회사의 세금은 회사의 이익에 대해 과세된다. 이익이 나면 세금이 많아지고, 이익이 줄어들면 세금도 줄어든다. 그런 의미에서 생각하면 세금이 발생한다는 것은 이익이 나고 있다는 증거이므로 기쁜 일이다. 그리고 발전하는 회사는 적당히 절세를 하며 성실하게 세금을 납부한다. 납세를 성실하게 하지 않으면 회사의 재무 체질은 허약한

| 그림 6-1 |

상태에 머무르게 되어 회사의 체력이 향상되지 않기 때문이다. 그리고 무엇보다도 절세를 최우선으로 삼는 회사는 이익을 내지 않는 체질이 되어 버리기 때문에 발전을 기대할 수 없게 된다. 사장은 회사의 발전을 위해서 '좋은 절세'와 '해서는 안 될 절세'를 철저히 구분할 줄 아는 안목을 키우자.

그리고 절세를 할 때 주의해야 할 점은 사장이 앞장서서 절세를 주도하는 것이다. 세무사에게 절세를 일임해서는 안 된다.

이유는 무엇일까?

세무사는 사장이 어떤 성격이며 어떤 서비스를 요구하는지에 항상 촉각을 곤두세운다. 세금이란 무엇이며 절세가 무엇인지도 관심 없고 절세의 본질을 알려고도 하지 않는 사장에게는 적극적으로 절세 제안을 할 수 없다. 절세를 모르는 사장은 나중에 세무 조사를 받고 추징 세금이 발생하면 "당신이 권해서 이렇게 했는데 결과가 이게 뭐요? 어떻게 책임질 거요?" 하면서 세무사를 탓하기 때문이다.

절세는 세무서와의 지혜 싸움이다. 회사의 이익은 누가 계산해도 똑같은 답이 나오는 것이 아니라 결산을 하는 사람의 방침에 따라, 그리고 세법을 어떻게 해석하느냐 따라 달라지기 마련이다. 세무서는 세금을 최대한 많이 부과하는 방향으로 세법을 해석하고 세무 조사에 임하지만, 회사는 반대로 최대한 세금을 적게 낼 수 있도록 세법을 해석해 세금을 납부한다. 이런 부분에 대해 최대한 이론 무장을 하고 사장과 세무사가 서로 협력해야 비로소 효과적인 절세가 가능해진다. 절세의 구조를 정확히 이해하고 자사에 맞는 절세 방법을 스

절세는 사장이 직접 하라

스로 고민하는 사장에게는 세무사도 적극적으로 절세 제안을 한다.

　그리고 중소기업의 경우는 절세 방법이 많지 않다. 지금부터 그 방법들에 대해 설명하도록 하겠다.

> **check!** | '좋은 절세'와 '해서는 안되는 절세'를 철저히 구분할 줄
> 아는 안목을 키우자.

절세의
기본형을
알자

회사의 세금은 회사의 이익에 대해 과세된다. 따라서 절세를 위해 먼저 생각해야 할 일은 최대한 이익을 압축하는 것이다.

그런데 회사의 이익은 어떻게 계산될까? 그렇다. 재무상태표에 기재된 자산과 부채의 차액인 주주에게 돌려줄 수 있는 금액＝자본 변이 전기에 비해 증가했느냐 감소했느냐에 따라 계산된다.

이 말은,

① 자산을 줄인다

혹은,

② 부채를 늘린다

이 두 가지가 이익을 줄이는 방법이라는 의미다. 이익을 줄이는 방법은 이 두 가지밖에 없다.

결산을 할 때 소모품을 사는 일이 종종 있다. 그리고 고정 자산을 사는 것은 절세에 도움이 되지 않는다는 조언을 회계 사무소로부터 받을 때가 있다. 이는 그림을 그려 보면 쉽게 이해할 수 있다. 소모품을 사면 현금이 줄어들기 때문에 그만큼 자산이 감소한다. 따라서 자본 변이 감소하므로 이익이 줄어든다. 한편 고정 자산을 사면 현금은 줄었지만 그만큼 고정 자산이 증가하기 때문에 자산 변 전체는 변화가 없다. 따라서 자본 변도 줄어들지 않으므로 이익도 줄지 않는다. 무엇인가를 사더라도 그것이 자산 변의 어딘가에 기재되는 것이라면 절세 대책으로는 의미가 없다.

생각해야 할 점은 '무엇을 위해서 절세를 하는가?'이다.

절세를 하는 목적은 세금을 줄여서 수중에 현금이 최대한 많이 남도록 하기 위함이다.

절세에만 집착하면서 발전이 없는 회사는 절세의 목적을 착각해 '세금을 줄이는 것'을 최대의 목적으로 삼는다. 그 결과 절세를 하지

| 그림 6-2 |

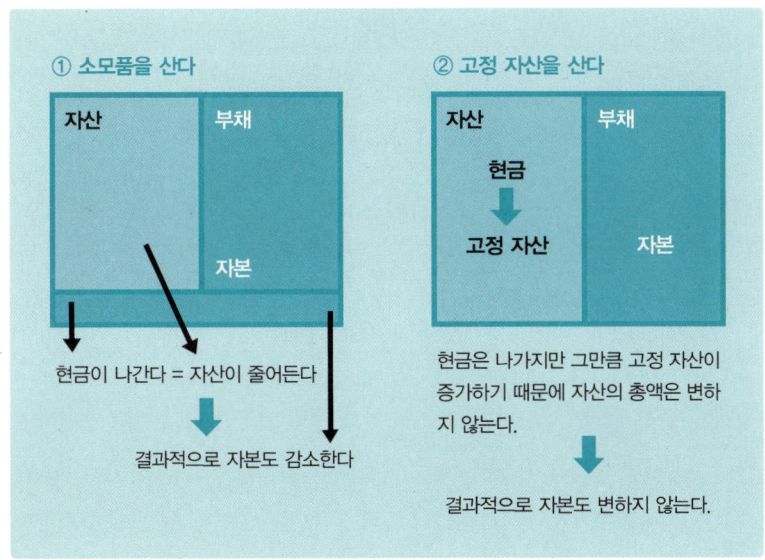

① 소모품을 산다

자산	부채
	자본

현금이 나간다 = 자산이 줄어든다

결과적으로 자본도 감소한다

② 고정 자산을 산다

자산	부채
현금	
고정 자산	자본

현금은 나가지만 그만큼 고정 자산이 증가하기 때문에 자산의 총액은 변하지 않는다.

결과적으로 자본도 변하지 않는다.

않을 때 이상으로 현금이 줄어들어 회사의 체력이 약해지며 발전할 힘을 잃고 만다.

　절세를 하기 위해 불필요한 지출을 하기보다는 절세를 하지 않고 세금을 내는 편이 결과적으로 더 많은 돈을 남긴다. 절세를 생각할 때 이 점을 잊지 말기 바란다.

check! ┊ 절세의 목적은 수중에 현금이 최대한 많이 남도록 하기 위함이다.

주의해야 할
절세

다만 결산을 할 때뿐만 아니라 평소에 주의해야 하는 절세가 있다. 세법상의 특례에 따라 일반적으로는 당연히 회사의 경비로 인정받지만, 세금을 계산할 때만큼은 경비가 아니라 이익에 추가해 계산해야 하는 것이 있다. 구체적으로는 접대비, 기부금, 일부 급여 그리고 임원 관련 지출이다.

접대비는 중소기업의 경우 대부분 경비로 처리되지만, 연간 지출액이 1,800만 원을 넘으면 경비로 인정받지 못하는 경우도 있다. 그리고 여기에서 말하는 접대비는 상식적으로 생각하는 접대비만이 아니다. 거래처나 매입처에 대한 지출 중 선물비, 경조사비 등도 접대비로 처리되는 경우가 있으니 주의가 필요하다.

접대비 한도 금액 = 기본 한도 + 수입금액 기준 한도

1) 기본한도

$$1,200만 원(중소기업 1,800만 원) \times \frac{당해 \ 사업연도월수}{12}$$

2)

수입 금액기준 한도	적용
100억 이하	20/10,000
100~500억	10/10,000
500억 이하	3/10,000

기부금도 경비에 포함시킬 수 있는 금액에 제한이 있다. 기부금도 접대비와 마찬가지로 일반 상식과는 정의가 다른 부분이 있으니 주의하기 바란다.

급여는 회사의 경비가 되기는 하지만, 직원의 급여에 대해 과세 누락을 지적 받는 경우가 있다. 급여라는 생각으로 지급한 것이 아닌데 세금을 계산할 때는 급여로 처리해야 하는 것도 있다. 이것도 평소에

절세는 사장이 직접 하라

주의해야 한다.

그리고 어떤 방법을 사용하면 접대비나 기부금이 되지 않지만 그 방법을 사용하지 않았기 때문에 접대비나 기부금이 되어 내지 않아도 될 세금을 내게 되는 경우가 있다. 금액이 적다면 다소 세금을 더 내도 별 문제는 없겠지만, 이런 지적을 받을 경우에는 어느 정도 금액이 클 때가 많다. 평소에 잘하지 않던 거래나 지금까지 해본 적이 없었던 거래 형태를 새로 시작할 때는 회계 사무소와 상담해 접대비나 기부금이 되지는 않는지 잘 검토한 다음 실시하자. 거래를 한 다음에 '이건 접대비가 된다'는 사실을 알아도 그때는 이미 돌이킬 수 없을 때가 있다.

세무에는 '사전 절세, 사후 탈세'라는 말이 있다. 미리 절차를 착실히 밟아 거래를 하면 합법적인 절세가 되는 것도 거래 후에 "이런 거래였던 것으로 하자"라며 거래 내용을 수정하면 탈세가 될 수 있다. 그런 일이 없도록 회계 사무소와 연계해 평소에도 절세에 신경을 쓰자.

이와 마찬가지로 임원 관련 지출에도 항상 신경을 쓰기 바란다. 세무서가 볼 때 회사의 임원은 극단적으로 말해 '항상 탈세를 생각하고 있을 요주의 인물'이다. 사장의 급여나 그 밖의 지출은 말할 것도 없고, 사장의 친족에 대한 지출은 모두 '탈세 의도'로 간주되어 세무서의 감시를 받는다고 생각해야 한다.

또 임원 보수나 출장비도 절차를 확실히 밟으면 회사의 경비가 되지만 절차를 제대로 밟지 않는 바람에 회사의 경비로 인정받지 못할

뿐만 아니라 급여가 되어 개인에게도 과세가 되는 경우가 있다. 비단 급여뿐만 아니라 임원과 그 관계자에 대한 지출은 사전에 회계 사무소와 연락을 취해 확실히 처리해야 한다.

check! 접대비나 기부금, 임원 관련 지출에 대해서는 회계 사무소와 상담하자.

세무서를
대하는
자세

　절세를 할 때 염두에 두어야 할 점이 있다. 세무서는 세금을 부과하기 위한 관청이다. 공무원으로서 소임을 다하려 하면 최대한 세금을 많이 부과하는 것이 국민에 대한 의무다. 그리고 이 이야기는 어떤 관점에서 보느냐에 따라 다르게 보인다는 점도 이해해야 한다. 어떤 사람에게는 좋은 일이어도 다른 사람에게는 그다지 좋은 일이 아닐 수도 있다. 하물며 세무서와 회사의 경우, 한쪽은 세금을 최대한 받아내려고 하고 다른 한 쪽은 최대한 적게 내고 싶어 한다. 의견이 일치할 수 없다.

　그러므로 세무 조사는 이해관계가 상충하는 양자가 서로 수긍할 수 있는 점을 찾아내 타협하는 협상의 장이라고도 할 수 있다. 그리고 도저히 수긍하지 못할 경우 세무서는 국가 권력으로 세금을 결정할 수 있으며, 회사는 그에 대항해 소송을 제기할 권리를 인정받는다.

　회사로서도 세무서의 직무에 대한 자세를 잘 이해하고 감정이 아니라 법률과 회계 이론, 조세 이론으로 대항해야 한다. 단순한 감정으로 세무서에 대항하는 것은 직무를 다하려는 사람에게 실례일 뿐 아무런 의미도 없다.

check! 세무서와는 이해관계가 상충할 수밖에 없다는 점을 이해하고 세무 조사에 임하자.

현금은 늘리고
세금은 줄이는
방법

절세의 방법 중 하나로 '현금은 늘리고 세금을 줄이는 방법'이 있다. '뭐? 그런 좋은 방법이 있단 말이야?'라고 생각하는 사람도 있을 것이다. 다시 한 번 절세의 기본으로 되돌아가보자. 절세의 기본은,

① 자산을 줄인다

② 부채를 늘린다

였다.

이제 자산 변을 잘 살펴보자. 예를 들어 지금 1만 원으로 자산 변

| 그림 6-3 |

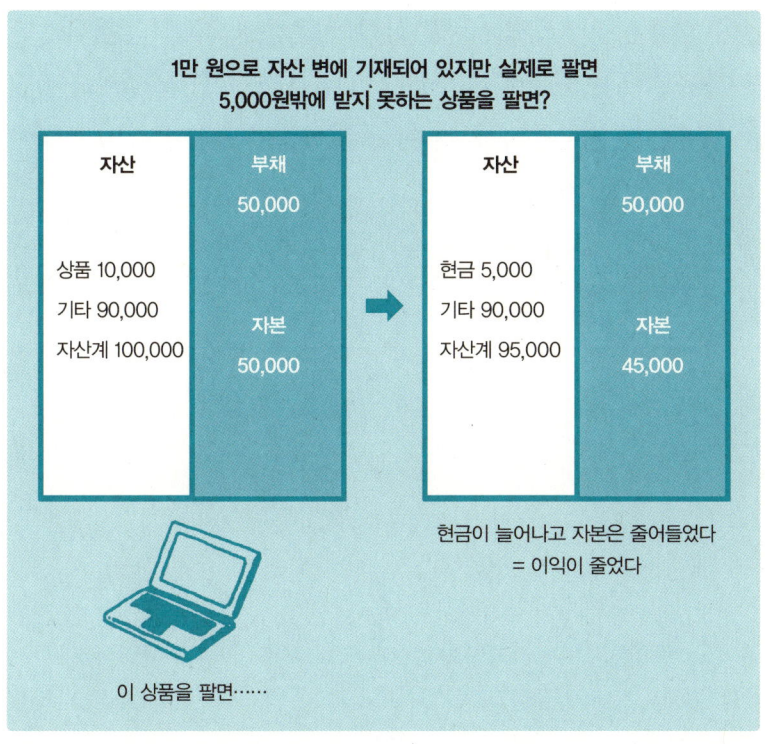

1만 원으로 자산 변에 기재되어 있지만 실제로 팔면
5,000원밖에 받지 못하는 상품을 팔면?

자산	부채
	50,000
상품 10,000	
기타 90,000	자본
자산계 100,000	50,000

자산	부채
	50,000
현금 5,000	
기타 90,000	자본
자산계 95,000	45,000

현금이 늘어나고 자본은 줄어들었다
= 이익이 줄었다

이 상품을 팔면……

에 기재되어 있지만 실제로 팔면 5,000원밖에 받지 못하는 상품이
있다고 가정하자. 이것을 팔면 어떻게 될까? 그렇다. 자산은 줄어들
지만 현금은 늘어난다. 즉 현금은 늘고 세금은 줄일 수 있게 된다.
결산 시의 재고 처분 세일은 기말에 불어난 재고를 줄여서 자산의 압
축을 꾀하는 일이다. 또한 동시에 현금을 늘려서 운전 자금과 납세
자금도 확보할 수 있다.

그야말로 일석이조의 작전이다.

　이 현금은 늘리고 세금은 줄이는 방법은 가장 효과적인 절세 수단이다. 무엇을 위해 절세를 하는가? 세금을 조금이라도 줄여서 수중에 최대한 많은 돈을 남기기 위함이다. 이를 위해서는 최선의 방법이라 할 수 있다.

check! 팔면 손해를 보는 재고를 팔아서 현금을 늘리면 세금을 줄일 수 있다.

최고의
절세

　현금은 늘리고 세금은 줄이는 방법을 시행한 뒤에는 무엇을 해야
할까? 사실은 재무상태표에는 기재할 필요가 없지만 실제로는 매우
가치가 있는 자산이 있다.

　바로 고객 목록이다.

　결산을 할 때, 할 수 있는 절세는 다 해서 달리 할 일이 없다면 어
떻게 해야 고객 목록을 늘릴 수 있을지 궁리해보자. 광고를 해서 잠
재 고객을 발견하는 방법도 좋다. 여유가 있는 시기라면 광고 방법의

시행착오도 할 수 있다. 광고를 해서 고객을 모아 놓으면 그 고객을 나중에 상품 판매로 연결시켜 이익을 낼 수 있다.

고객 목록은 사실 매우 가치 있는 자산이지만 재무상태표에 기재할 필요는 없다. 이런 점에서 봐도 기업 회계라는 것은 한계가 있다. 실제로 눈에 보이는 자산이 아니면 재무상태표에 기재할 필요가 없다. 눈에 보이지 않는, 금전으로 환산할 수는 없지만 실제로는 가치가 있는 것에 돈을 쓰는 일은 매우 효과적인 절세가 된다.

참고로, 재무상태표에 기재할 필요는 없지만 실제로는 가치가 있어 회사가 자주 절세에 사용하는 것이 있다. 바로 보험 상품이다. 보험 상품 중에는 절세 목적으로 개발된 상품도 있으니 그런 것을 절세 수단 중 하나로 고려해도 좋다. 다만 보험 상품은 절세를 위한 상품 개발을 할 때마다 세무서로부터 규제가 들어오는 '숨바꼭질'이 반복되고 있다. 너무 매력적인 절세 상품은 조만간 규제가 들어올 것이라고 생각하고 이용하는 편이 좋다.

check! 재무상태표에 기재할 필요는 없지만 가치가 있는 것은 무엇일까?

반드시 이익을 내는 사장의 현금 관리법

해서는
안 되는
절세

해서는 안 되는 절세도 있다.

'세금'이라고 하면 '최대한 줄이고 싶다'고 생각하는 것이 인지상
정이다. 그러나 절세를 하는 목적을 잊어서는 안 된다.

중요한 문제이므로 다시 한 번 묻겠다. 절세를 하는 목적은 무엇일
까? '무조건 세금을 줄이는 것'이 목적일까? 절세는 세금을 줄임으
로써 수중에 조금이라도 많은 현금을 남기는 것이 목적이다. 이 점을
잊고 세금을 줄이는 것만을 목적으로 삼는 것이 바로 해서는 안 되는

절세다. 예를 들면 불필요한 회식에 돈을 쓴다든가 사용하지도 않을 비품을 사는 것 등이 해서는 안 되는 절세에 해당한다. 이렇게 하면 세금을 줄일 수 있을지는 모르지만 그 이상으로 현금이 줄어든다.

그런 일이 없도록, 의미가 없는 절세를 할 바에는 그냥 세금을 내는 편이 결국 수중에 더 많은 현금을 남길 수 있다.

check! 　┆　세금을 줄이는 목적을 항상 잊지 않도록 하자.

세금은
회사 건강의
척도다

이 장의 첫머리에서도 말했지만, 세금이 발생한다는 것은 그만큼 이익이 나고 있다는 의미다. 그러므로 세금이 발생하는 것 자체는 사실 바람직한 일이다. 그렇다면 무엇이 문제일까? 문제는 세금을 납부하기 위한 자금 마련에 고민한다는 데 있다. 납세 자금에 고심하지 않는다면 그렇게 절세를 외치지 않아도 되지만, 납세 자금을 마련하는 데 고심하는 경우가 많기 때문에 절세도 중요한 관심사가 되는 것이다.

그리고 납세를 마음 편히 할 수 있느냐 아니냐가 회사의 건강을 재는 척도가 된다. 이익이 나고 있을 때는 아무래도 매입이나 그 밖의 경비가 먼저 지출되고 입금은 나중에 되는 경우가 많기 때문에 자금 사정이 빡빡해지기 쉽다. 그러나 평소에 현금 잔액을 신경 써서 전달보다 이번 달의 현금 잔액이 늘어나는 상태를 만들도록 노력하면 반드시 자금 사정이 개선되며 납세 자금에 고심하는 일도 없어진다.

특히 부가가치세 납세에 어려움을 겪는 회사가 많다. 부가가치세는 적자여도 내야 하기 때문에 운전 자금 부족에 허덕이는 회사는 소비자로부터 맡아 놓은 부가가치세도 운전 자금으로 사용하는 일이 많다. 가능하다면 매달 적립하는 형태로 부가가치세 납세 자금을 준비해놓자. 소득세(법인세, 종합소득세) 분량까지 적립할 수 있다면 금상첨화다.

세금을 마음 편히 낼 수 있느냐는 회사의 건강을 재는 척도다. 인간과 마찬가지로 맛있게 배불리 먹은 다음에는 내보낼 것을 편하게 내보내야 한다. 그래야 건강한 몸을 유지할 수 있다. 건강한 회사를 만들려면 착실한 납세가 필요하다. 착실히 납세를 하면 반드시 건강하고 활기가 넘치는 회사가 될 수 있다.

---

check! 평소에 현금 잔액을 신경 써서 전달보다 현금 잔액이 늘어나도록 노력한다.

사장은
회사의
마지막 금고다

 절세를 할 때 생각해야 할 점이 또 한 가지 있다. 사장은 회사의 마지막 금고라는 사실이다. 중소기업의 경우는 사장이 회사의 차입에 대해 반드시라고 해도 좋을 만큼 개인 보증을 서고 있을 것이다. 즉 사장은 자신의 전 재산을 걸고 회사를 경영한다. 회사의 운전 자금이 부족해지면 자신의 저금도 회사의 운전 자금으로 사용한다. 회사의 실적이 나빠지면 자신의 급여를 받지 않으면서까지 회사의 실적을 회복시키려 한다.

이는 모두 사장이 돈을 가지고 있어야 가능한 일이다.

따라서 절세를 생각할 때는 사장과 회사 양쪽을 생각하며 세금을 줄일 수 있는 방법을 생각해야 한다. 교과서적으로는 '회사는 법인이므로 사장 개인과는 별개의 인격'이지만, 현실적으로 중소기업의 경우 사장과 회사는 한 몸이므로 세금도 함께 생각할 필요가 있다. 중소기업의 경우 사장의 개인 자산을 늘리는 것은 사리사욕을 위해서가 아니라 회사의 경영을 안정시키기 위해 반드시 필요하다. 회사의 경영이 안정되면 직원의 고용도 안정된다. 사장의 급여가 1,000만 원이라면 절반은 회사를 위한 자금이라고 생각하자. 매달 500만 원씩 모으면 1년에 6,000만 원이 쌓인다. 5년이면 3억 원을 만들 수 있다. 회사의 자금 사정이 어려워졌을 때 개인적으로 3억 원을 내놓을 수 있게 되면 마음이 참으로 편해지지 않을까?

사장의 급여는 절세를 생각하면서 최대한 높게 설정해야 한다. 그리고 사장은 그 급여가 전부 자신의 돈이라고 생각하지 말고 회사 금고의 일부로 쌓아두도록 하자.

check! 　사장이 개인 자산을 늘리는 것은 회사 경영의 안정으로 이어진다.

반드시 이익을 내는 사장의 현금 관리법

☑ **check!** '좋은 절세'와 '해서는 안 될 절세'를 철저히 구분할 줄 아는 안목을 키우자.

☑ **check!** 절세의 목적은 수중에 현금이 최대한 많이 남도록 하기 위함이다.

☑ **check!** 접대비나 기부금, 임원 관련 지출에 대해서는 회계 사무소와 상담하자.

☑ **check!** 세무서와는 이해관계가 상충할 수밖에 없다는 점을 이해하고 세무 조사에 임하자.

☑ **check!** 팔면 손해를 보는 재고를 팔아서 현금을 늘리면 세금을 줄일 수 있다.

☑ **check!** 재무상태표에 기재할 필요는 없지만 가치가 있는 것은 무엇일까?

☑ **check!** 세금을 줄이는 목적을 항상 잊지 않도록 하자.

☑ **check!** 평소에 현금 잔액을 신경 써서 전달보다 현금 잔액이 늘어나도록 노력한다.

☑ **check!** 사장이 개인 자산을 늘리는 것은 회사 경영의 안정으로 이어진다.

7장

초보 사장과
초보 경리를 위한
'실무 요령'

알기 쉬운
경리 실무

이 장에서는 초보 사장과 초보 경리가 경리 실무를 손쉽게 하기 위한 실무 요령에 대해 언급하려고 한다. 오늘날 경리 실무를 수작업으로 하는 회사는 없으므로 컴퓨터로 경리 소프트웨어를 사용하고 있다는 전제로 이야기를 진행한다.

먼저, 경리 실무 담당자가 이해해야 할 점은 '경리 실무에서 가장 먼저 할 일은 재무상태표의 잔액 확인이다'라는 것이다. 지금까지 계속 이야기했듯이, 회사의 이익을 정확히 파악하기 위해 필요한 서류는 재무상태표이며 손익계산서는 단순한 설명 자료에 불과하다. 재무상태표의 잔액 확인을 소홀히 하면 아무리 손익계산서를 정확하게 만들어도, 또 경영 분석을 열심히 해도 아무런 의미도 없는 작업이 되어 버린다.

경리 실무는 재무상태표의 잔액 확인에서 시작된다. 매달 재무상태표의 잔액 확인을 확실히 하는 것이 경리의 대원칙이다. 이 점을 명심하고 일해야 한다.

그러면 구체적으로 어떻게 해야 하는지 각 계정 과목별로 설명해 나가도록 하겠다.

check! 회사의 이익을 정확히 파악하기 위해 재무상태표를 확실히 만들자.

반드시 이익을 내는 사장의 현금 관리법

현금 관리

현금은 관리하기가 가장 힘들다.

현금이란 참으로 신기해서, 어느 새 줄어들어 있으며 무엇에 썼는지 바로 전의 일도 기억이 안 날 때가 있다. 따라서 소액 현금을 보유하고 있는 회사는 소액 현금을 폐지하고 경비는 전부 직원이 먼저 지출하게 한 다음 한 달에 한 번 급여와 함께 입금하는 것이 가장 좋다. 만약 사장에게 이 책을 읽게 해 동의를 얻는다면 이 방법을 실행해 현금 관리에서 해방되는 것이 좋다. 그리고 만약 소액 현금의 관리에

초보 사장과 초보 경리를 위한 '실무 요령'

| 그림 7-1 | 금액 종류별 일람표(예: 9월 22일)

금액 종류	매수	금액
50,000	4	200,000
10,000	3	30,000
5,000	2	10,000
1,000	15	15,000
500	4	2,000
100	100	10,000
50	6	300
10	10	100
합계		267,400

서 벗어날 수 없다면 어쩔 수 없으니 매일 잔액을 철저히 확인하고 상사에게 확인을 받자. 현금 매출이 있는 회사는 이 작업을 꼭 해야 한다.

상사의 현금 확인은 반드시 매일 해야 할 업무여야 한다. 한 달에 한 번이나 일주일에 한 번만 확인하면 잔액이 불명확한 채 일주일 또는 한 달이 지나가버리는 바람에 원인을 해명하지 못해 결과적으로 경리 담당자가 신뢰를 잃게 될 수 있다. 그런 불필요한 말썽을 피하기 위해서도 매일 경리 담당자 이외의 제삼자에게 잔액을 확인시키자.

잔액 확인을 할 때는 반드시 금액 종류별 일람표를 사용하자. 이것이 없이 합계만으로 확인하면 형식적인 확인이 되어버린다. 그러므로 매일 금액 종류별 일람표를 만든다는 규칙을 만들자.

또한 세무 조사를 할 때 세무서는 반드시 현금 잔액을 확인하며 어떻게 현금 관리를 하고 있는지 청취한다. 그때 매일 금액 종류별 일람표를 확인한다고 설명하면 그것만으로도 조사관에게 '이 회사는 경리 처리를 확실히 하고 있나 보군. 신고도 제대로 하고 있을 것 같아' 라는 인상을 줄 수 있다. 세무 조사에 대비해서도 현금 관리를 철저히 하는 것이 중요하다.

check! 현금 잔액의 확인을 위해 금액 종류별 일람표를 만들도록 하자.

초보 사장과 초보 경리를 위한 '실무 요령'

예금 관리

예금 잔액은 관리하기가 편하다. 통장을 보면 정확한 잔액이 적혀 있다. 가능하다면 인터넷 뱅킹 등을 효과적으로 활용해 은행에 가는 수고를 최대한 줄이자.

예금을 관리할 때 신경 써야 할 점은 지출 사무를 최대한 효율화시키는 것이다. 지급일은 되도록 통일해서 경리 업무에 소요되는 기간을 집중시키자. 모든 일이 다 그렇지만 한꺼번에 처리하는 편이 효율이 좋다.

이것도 사람에 따라 작업 방법이 다르기는 하다. 어떤 사람은 청구서가 오면 그때그때 바로 처리를 해야 직성이 풀릴지도 모르고, 어떤 사람은 청구서를 모아 두었다가 한꺼번에 처리하는 편이 편할지도 모른다. 자신에게 잘 맞으며 단시간에 끝낼 수 있는 방법을 찾아내자. 참고로 나는 청구서를 모아 놓았다가 월말에 한꺼번에 처리한다. 작은 회사의 경리 실무에 적합한 방법이라고 생각한다. 작은 회사에서는 경리 담당자도 거래 내용을 파악하기 쉽기 때문에 청구서의 내용을 담당자에게 확인해야 할 일은 거의 없으며, 있어도 그 수가 적어서 확인에 많은 시간이 걸리지 않는다. 나는 그저 지급일별로 정리해놓는 정도다. 지급일도 월말로 집중시키면 한층 효율적이다.

다만 청구서를 모아 놓는다고 해도 내용을 전혀 확인하지 않고 그냥 쌓아만 놓으면 실제로 지급 작업에 들어갈 때 내용을 확인해 정말 지급해야 하는 것인지 아닌지 판단해야 한다. 그러므로 청구서가 도착하면 일단 내용은 확인하고, 만약 내용에 의문점이 있으면 일찌감치 담당자나 거래처에 확인해놓도록 하자.

그러나 어느 정도의 규모가 되면 거래 내용이 증가하기 때문에 매달 확인해야 하는 거래가 많아진다. 그럴 때는 청구서가 온 시점에서 내용을 확인하고 지급 준비까지의 처리를 끝내는 편이 효율적일 수 있다.

> **check!**   예금을 관리할 때 중요한 일은 지급 사무를 효율적으로 하는 것이다.

매출채권
관리

　매출채권 관리는 크게 두 종류로 나뉜다. 하나는 청구 업무이며, 다른 하나는 회수 업무다.

　청구 업무는 매달 한 번에 몰아서 하거나 거래를 할 때마다 하는 등 거래처에 따라 다를 수 있다. 가능하다면 매출채권 관리 소프트웨어를 효과적으로 사용해 어디의 누구와 언제 거래가 얼마나 발생해 언제 회수했는지를 명확히 추적할 수 있는 시스템을 만들자.

　《이나모리 가즈오의 회계 경영》에는 매출채권의 관리에 대해서도 매우 좋은 방법이 소개되어 있다. 그것은 '전표 1대1 대응의 원칙'이라는 것이다. 매출 전표 한 장 한 장에 정확히 대응하도록 매출채권을 회수해야 한다. 간단히 말하면, 어떤 회사에 대해 A라는 납품서에 50만 원, B라는 납품서에 80만 원의 매출채권이 있다고 가정하자. 이 매출채권을 회수할 때 '일단 100만 원' 같은 식으로 회수를 해서는 안 된다. 일단 100만 원만 받으면 어떤 납품서의 대금을 회수했는지 알 수 없기 때문이다. 따라서 회수를 할 때는 'A납품서의 50만 원과 B납품서의 80만 원을 합쳐 130만 원'을 회수해야 한다는 말이다.

매출채권은 어디의 누구에게 언제 왜 발생한 매출채권이 얼마가 남아 있는지 명확히 해야 한다. '어디의 누구에게 얼마가 남아 있다' 만으로는 부족하다. 그리고 '어디의 누구에게 언제 왜 발생한 매출채

| 표 7-2 | A사

	적요	발생	회수	잔액
10 / 30	10월분 외상 판매	35,000		35,000
10 / 30	10월분 회수		35,000	0
11/ 30	11월분 외상 판매	21,000		21,000
12 / 31	11월분 회수		20,000	1,000
12 / 31	12월분 외상 판매	52,500		53,500

11월분 매출채권 회수 누락
1,000원

11월분 회수 부족 1,000원
12월분 매출채권 52,500원

초보 사장과 초보 경리를 위한 '실무 요령'

권이 얼마가 남아 있으며, 그것은 몇 월 며칠에 회수 가능하다'라는 상태일 때 비로소 재무상태표에 기재할 수 있는 매출채권을 철저히 관리하고 있다고 할 수 있다. 이렇게까지 해야 비로소 매출채권을 관리할 수 있다. 이렇게 관리하려면 어떻게 해야 할지 회계 사무소와 상담하면서, 그리고 매출채권 관리 소프트웨어를 잘 사용하면서 검토해보기 바란다.

또 거래처별 매출채권 원장을 표 7-2와 같이 사용해 관리하는 것도 효과적이다. 이때 잔액 내역을 손으로 메모해놓으면 잔액 내역에 대해 금방 회답할 수 있어 거래처에 청구가 원활해진다.

check! ┊ 매출채권은 누구에게 언제 왜 발생했는지, 그리고 얼마나 남아 있는지 명확히 해야 한다.

재고
관리

　업종에 따라 다르지만, 재고 관리는 매우 어려운 작업이다. 재고 관리의 기본은 상품의 경우 '언제 어디에서 산 상품이 몇 개 남아 있으며 그것은 팔 수 있는 상태인가?'를 명확히 파악하는 것이다. 재고가 적으면 수작업으로 관리해도 되지만, 많아지면 이것도 재고 관리 소프트웨어를 사용하는 편이 좋다. 다만 재고 관리 소프트웨어도 저렴한 것에서 깜짝 놀랄 만큼 비싼 것까지 무수히 많다. 자신의 회사의 재고 평가 방법이나 상품의 특성에 따라 쓰기 편한 소프트웨어를 골라야 한다. 그러므로 혼자서 생각하지 말고 회계 사무소와 상담하면서 좋은 재고 관리 방법을 생각해야 한다. 재고 관리는 업종에 따라서는 이익을 좌우하는 커다란 포인트가 될 수 있다. 현재 상황에 만족하지 말고 항상 개선을 위해 노력하자.

철저히 관리하고 실제 재고 조사도 반드시 정기적으로 실시해 장부와 차이가 없는지 확실히 분석하자.

check! 재고 관리는 업종에 따라 다양하다. 회계 사무소와 상담해 보자.

반드시 이익을 내는 사장의 현금 관리법

매입채무
관리

　매출채권의 반대인 매입채무도 매달 '어디의 누구와 언제 왜 발생한 매입채무가 얼마나 남아 있는가?'를 명확히 파악할 수 있어야 한다. 청구서를 최대한 빨리 받을 수 있도록 거래처에 협력을 요청하자. 매달 10일에 결산을 할 수 있도록 하려면 청구서를 얼마나 빠르게 입수하느냐가 중요한 포인트가 된다. 매출채권이나 재고는 사내에서 처리하므로 열심히 하면 어떻게든 되지만, 매입채무 청구는 사외에서 하기 때문에 경리 담당자뿐만 아니라 각 청구 부서의 협력이

초보 사장과 초보 경리를 위한 '실무 요령'

| 표 7-3 |

	적요	지불	회수	잔액
10 / 31	10월분 외상 매입		10,000	10,000
11 / 30	10월분 지급	10,000		0
11 / 30	11월분 외상 매입		15,000	15,000

꼭 필요하다.

그리고 가장 중요한 것은 '전월분은 이번 달 말에 지급한다'는 규칙을 세워서 월말 지급이 끝난 시점에서는 매입채무의 잔액이 제로가 되도록 만드는 일이다. 전월말의 잔액이 깔끔하게 지급되면 잔액 관리도 편해진다. 표 7-3을 통해 살펴보자. 이런 모습이 되면 매우 이해하기 쉽다.

다만 문제는 앞에서도 이야기했듯이 매입채무에 기재해야 하는 금액은 '청구서가 온 것'뿐만이 아니라 '청구서는 오지 않았지만 지급 의무가 확정된 것도 포함한다'는 점이다. 청구서가 오지 않았기 때문에 실제로는 지급할 필요가 없지만 회사로서는 매입을 마쳤거나 서비스를 받고 있는 것이 있다. 그런 것에 대해 '청구서가 늦게 와서 매입채무에 기재하지 않았다'는 식으로 처리해 버리면 기껏 결산을 해도 손익 계산이 틀리게 된다. 청구서가 도착한 시기에 따라 손익의 숫자가 달라진다면 문제가 있다. 그러므로 사실은 청구서가 오지 않

· 반드시 이익을 내는 사장의 현금 관리법

아도 지급 의무가 확정된 것은 재무상태표에 기재해야 하며, 그 정보를 경리 담당자에게서 얻어야 한다. 너무 사소한 것까지 기재할 필요는 없지만, 규모가 큰 거래 중에 청구서가 오지 않은 것은 없는지 등의 정보를 경리 담당자가 확실히 알 수 있게 하자. 물론 청구서가 제때 발행되는 것이 가장 바람직함은 말할 필요도 없다.

check! | 청구서가 오지 않았어도 지급할 의무가 있는 매입채무는 재무상태표에 기재한다.

초보 사장과 초보 경리를 위한 '실무 요령'

예수금
관리

대표적인 예수금*으로는 원천세와 주민세, 그리고 4대 보험(고용보험, 산재보험, 국민연금, 건강보험료) 등이 있다. 이러한 것들은 매달 정기적으로 발생하기 때문에 잔액 관리도 쉽다. 금액은 매달 다를 가능성이 있지만 처리 방법은 똑같으므로 일단 방식을 파악하면 그다지 어렵지 않다. 이것도 매달 전월말의 잔액이 제로가 되는지를 확인해야 한다.

	적요	지급	발생	잔액
10 / 30	10월분 원천세		5,000	5,000
11 / 10	10월분 원천세 납부	5,000		0
11/ 30	11월분 원천세		6,000	6,000
12 / 10	11월분 원천세 납부	5,000		1,000

| 표 7-4 | 예수금 원천세

11월분의 원천세를 6,000원 납부해야 했는데 착각해서 10월분의 금액으로 납부해버렸다. 이 1,000원은 파악한 시점에 즉시 납부해야 한다.

★ **예수금(deposit received)** : 종업원이나 임원이 지급해야 할 소득세, 국민연금, 건강보험료 등을 기업이 월급에서 우선 공제했을 때, 이것을 예수금이라고 한다.

check! 예수금은 전월말의 잔액이 제로가 되는지 확인하자.

초보 사장과 초보 경리를 위한 '실무 요령'

고정 자산과
무형 자산
관리

　이것은 회계 사무소에 관리를 맡기는 편이 좋다. 고정 자산 관리 소프트웨어도 있지만 값이 비싸며, 최근 들어 감가상각 방법도 수시로 변하고 있기 때문에 그때마다 버전업을 하는 것만으로도 비용이 꽤 들어간다. 엑셀 등으로 표를 만들어 감가상각 계산까지 해도 좋지만, 계산식을 입력하는 수고와 시간을 생각하면 감가상각 소프트웨어를 사는 편이 쌀 것이다. 하지만 그 소프트웨어의 사용에 익숙해지기까지의 시간을 생각하면 그냥 회계 사무소에 관리를 맡기는 편이 편하다.

경리 담당자는 무엇이 고정 자산이 되는지를 공부해서 파악해놓아야 한다. 세법상으로는 금액 기준(100만 원 이상)이 가장 일반적이므로 기억해두자. 다만 이것도 세금 제도의 개정에 따라 바뀔 가능성이 있으니 세금 제도의 동향에 대해서도 유심히 파악하고 있어야 한다.

무형 자산도 마찬가지로 회계 사무소와 상담하면서 관리하자. 무형 자산은 기본적으로 선급 비용과 똑같이 관리할 수 있으므로 굳이 소프트웨어로 관리할 것까지는 없다. 기본적으로는 개월 수로 나눠서 계산하므로 그 무형 자산을 몇 개월에 걸쳐 처리하면 되는지 확인하면 그다지 어렵지 않게 처리할 수 있다.

다음에 사례를 소개했으니 참고하기 바란다.

| 표 7-5 | 매달의 잔액을 계산식으로 표현할 수 있도록 확인한다

		차변	대변	잔액
10 / 30	발생	360,000		360,000
10 / 30	10월분 상각		10,000	350,000
11/ 30	11월분 상각		10,000	340,000

나머지 35개월×10,000 = 350,000

36만 원의 무형 자산을 3년(36개월)에 걸쳐 처리할 경우, 한 달에 처리하는 (상각하는) 금액은 1만 원씩이 된다.

check! 　고정 자산과 무형 자산은 회계 사무소에 관리를 맡기자.

손익계산서
확인

　재무상태표의 모든 과목에 대해 잔액을 확인했으면 마지막으로 손익계산서를 확인하자.

　확인 방법은 월차 손익 변동표를 보기 바란다. 매월의 숫자를 나열해보면 어떤 과목이 전월에 비해 크게 증가했거나 감소하는 경우가 있다. 정기적으로 매달 나가는 경비는 그다지 변화가 있을 리가 없으므로 증감 이유를 명확히 규명할 필요가 있다. 경우에 따라서는 어딘가에서 계상이 누락되었거나 이중 계상이 되었을지도 모른다.

매출에 따라 달라지는 변동비도 매출에 대한 비율을 보고 수긍할 수 있는 숫자인지 아니면 비정상적인 숫자인지 확인하자. 그리고 이러한 과목이 전월에 비해 증감한 이유에 대해 원인을 철저히 분석해 사장에게 보고하자.

증감 원인을 명확히 규명하고 그것이 타당한 이유인지 아니면 개선해야 할 점이 있는지에 대해 자신의 의견을 가지도록 하자. 그래야 유능한 경리 담당자가 될 수 있다.

check! : 손익계산서는 월차 손익 변동표를 보고 확인한다.

반드시 이익을 내는 사장의 현금 관리법

급여와
4대 보험
관리

회사의 경리 담당이라면 급여 계산이나 4대 보험도 동시에 담당할 때가 많다.

급여 계산은 급여 계산 소프트웨어를 사용하면 손쉽게 작업할 수 있다. 하지만 인원이 많아지면 데이터를 어떻게 입력할지 생각해야 한다. 최근의 급여 계산 소프트웨어는 엑셀 데이터를 불러들일 수 있거나 타임카드의 데이터를 직접 불러들일 수 있는 등 여러 가지 기능이 있다. 자사의 인원 수와 급여 계산 방법에 맞춰 적합한 소프트웨

초보 사장과 초보 경리를 위한 '실무 요령'

어를 선택하는 것이 좋다.

　4대 보험 업무는 일단 익혀 놓으면 그다지 어렵지 않지만, 익히는 과정에서는 상당히 전문적인 지식을 요구하기 때문에 당황스러울 때가 많다. 4대 보험 업무를 할 때 틀리기 쉬운 부분은 급여의 변동이 있을 때 어느 시점에 급여에서 공제하는 금액을 변경하느냐다. 급여가 변경되었을 때는 국민연금관리공단과 건강보험공단의 창구 담당자에게 절차를 물어보며 진행하는 것이 좋다.

check!　급여가 변경되었을 때 실수를 하기 쉬우니 주의하자.

반드시 이익을 내는 사장의 현금 관리법

☑ **check!** 회사의 이익을 정확히 파악하기 위해 재무상태표를 확실히 만들자.

☑ **check!** 현금 잔액의 확인을 위해 금액 종류별 일람표를 만들도록 하자.

☑ **check!** 예금을 관리할 때 중요한 일은 지급 사무를 효율적으로 하는 것이다.

☑ **check!** 매출채권은 누구에게 언제 왜 발생했는지, 그리고 얼마가 남아 있는지 명확히 해야 한다.

☑ **check!** 재고 관리는 업종에 따라 다양하다. 회계 사무소와 상담해보자.

☑ **check!** 청구서가 오지 않았어도 지급할 의무가 있는 매입채무는 재무상태표에 기재한다.

☑ **check!** 예수금은 전월말의 잔액이 제로가 되는지 확인하자.

☑ **check!** 고정 자산과 무형 자산은 회계 사무소에 관리를 맡기자.

☑ **check!** 손익계산서는 월차 손익 변동표를 보고 확인한다.

☑ **check!** 급여가 변경되었을 때 실수를 하기 쉬우니 주의하자.

숫자에 강한 사장이 성공한다

이 책은 지금까지 내가 일반 기업에서 겪은 경리 경험과 세무사로서 겪은 경험을 바탕으로 중소기업의 경영자에게 필요하다고 생각하는 최소한의 경리지식을 정리한 것이다. 시중에서 일반적으로 이야기되는 상식과는 조금 다른 내용이 적혀 있다고 생각되는 부분도 있다. 그러나 경리의 본질은 '재무상태표를 어떻게 만드는가?'이며, 본문에서도 이야기했지만 경리 업무는 간단히 말해 '재무상태표의 잔액 확인'이다. 이 점만 머릿속에 넣어 두면 누구나 경리 서류가 올바른지 아니면 잘못되었는지 꿰뚫어볼 수 있다.

중소기업의 사장은 자기 회사의 경리 숫자를 확실히 파악하고 현금 흐름의 구조를 이해하기 바란다. 재무상태표의 잔액 확인과 이익 계산을 하는 방법을 알면 절세도 스스로 할 수 있게 되며 무리한 절세를 하지 않고 회사를 건강한 체질로 만들 수 있다.

이 책을 통해 중소기업의 사장들이 숫자에 강해져 더 많은 회사가 우량 기업으로 성장하기를 기원한다.